도서관 프라이버시 FAQ

LIBRARY PRIVACY

노영희

도서출판 청람

들어가며

최근 통신사나 카드사, 그리고 각종 인터넷 유통업체들로부터 개인정보가 유출되는 사례가 지속적으로 발생하고 있다. 이에 행정자치부(구, 안전행정부)는 주민등록번호 수집의 원칙적 금지 및 유출 시 과징금을 부과하는 등의 「개인정보 보호법」 개정을 2013년 8월 6일 공포하였고, 2014년 8월 7일부터 본격적으로 시행에 들어갔다. 이로 인해 법령상 근거 없이 불필요하게 주민등록번호를 수집하는 행위는 엄격히 제한되며 위반 시 과태료를 부과하게 되었다. 물론 온라인상 주민등록번호 수집 금지 제도는 「정보통신망 이용촉진 및 정보보호 등에 관한 법률」에 따라 2012년 8월부터 이미 시행하고 있다.

개정된 「개인정보 보호법」의 주요 내용은, 첫째, 제24조제2항에 '주민등록번호 처리의 제한' 항목을 신설하여 주민등록번호 처리를 원칙적으로 금지하고, 현재 보유 중인 주민등록번호는 법 시행 후 2년 이내에 파기해야 한다. 둘째, 제34조제2항에 주민등록번호 유출에 대한 과징금제도를 신설하여 관리책임자가 안정성 확보 조치를 하지 않아 주민등록번호 유출 등이 발생한 경우 최대 5억원 이하의 과징금을 부과한다. 셋째, 제65조제3항에 대표자(CEO) 등에 대한 징계권고를 신설하여 법규위반행위에 따른 행정자치부장관의 징계권고 대상에 대표자(CEO) 및 책임 있는 임원이 포함됨을 명시하고 있다.

이와 같이 「개인정보 보호법」을 강화하게 된 배경은 주민등록번호가 행정, 금융, 의료, 복지 등 사회 전 분야에서 개인식별을 위한 기초자료로 널리 활용되어 실제로 주민등록번호 수집이 필요하지 않음에도 불구하고 관행적으로 과다하게 수집·이용되는 빈도가 높다고 보고된 바 있기 때문이다. 또한 2013년 4월 국회입법조사처 검토보고서에 의하면 국내 웹사이트 약 32만 개 중 93.25%(약 29.6만 개)가 주민등록번호를 불필요하게 수집·이용하고 있다는 것이다.

도서관도 이용자의 휴대전화번호, 가족관계, 직장정보, 신분 등의 개인정보를 보유하고 있기 때문에 도서관 밖에서 이루어지는 개인정보 유출 문제로부터 결코 자유롭지 못하다.

더 나아가 도서관은 이용자의 개인정보 문제를 지적자유 측면에서도 고려해야 한다. 즉 이용자가 도서관에서 각종 정보자료를 검색·이용 시, 이러한 이용자의 정보자료 이용행태가 감시당하고 분석당하며, 분석 및 관찰된 자료가 이용자의 허락 없이 활용될 수 있다. 그러나 도서관은 시민의 지적자유와 지적권리를 보장하기 위해 설립된 기관이며, 시민은 그들이 요구·접근·이용한 정보가 기밀로 유지될 권리를 갖는다는 사실을 고려해야 한다.

미국도서관협회(American Library Association: ALA)는 프라이버시가 언론의 자유, 사고의 자유, 집회의 자유를 실현하는 데 핵심이 된다고 하였다. 그리고 ALA 가이드라인에서는 도서관에서의 프라이버시권리(right to privacy)를 타인에 의해 어떤 사람의 관심주제에 대하여 검열하거나 심사할 수 없는 개방된 권리라고 정의하고 있다. 물리적이든 가상이든 프라이버시권리는 도서관에서의 경우 직원이나 이용자 등 다른 사람에 의해 자신의 관심사가 조사되거나 관찰되거나 감시당하지 않고 조사·연구할 수 있는 권리인 것이다.

도서관과 사서가 이용자의 프라이버시 문제를 심각하게 다뤄야 하는 이유는 이용자의 개인정보 보호가 사서의 가장 중요한 임무 중 하나이며, 이를 통해 이용자가 지적자유를 진정으로 누릴 수 있도록 하기 위해서이다. 자신의 컴퓨터가 모니터링되고, 대출기록, 방문한 사이트, SMS를 공유한 사람과 내용, 이메일을 보낸 곳과 내용, 자신이 연구하고 있는 주제 등이 모두 도서관에 기록되고, 언제든지 유출될 수 있다고 생각한다면 이용자는 도서관 이용을 두려워하게 되고 도서관의 존재목적인 '신분차별 없는 지적자유'를 보장하는 임무는 수행할 수 없게 될 것이다.

본 서에서는 개인정보의 개요, 개인정보 및 프라이버시 관련법 및 정책, 그리고 도서관과 「개인정보 보호법」으로 나누어 살펴보고, 도서관에서 제기될 수 있는 질문을 FAQ로 개발하여 그에 대한 답을 제시하고자 하였다.

2015년 녹음이 짙어가는 6월의 어느 날

노영희

Library Privacy

이 책의 **차례**

Part 01 도서관 프라이버시

Chapter 01 개인정보 및 프라이버시의 개념

Chapter 02 프라이버시 관련법 및 정책

Chapter 03 도서관과 「개인정보 보호법」

BOOK

Part 02 FAQ

Chapter 01 개인정보의 개념

Chapter 02 개인정보의 수집

Chapter 04 개인정보의 이용 및 제공

Chapter 06 개인정보의 파기

Chapter 07 개인정보의 침해 · 유출

Chapter 09 개인정보의 안전한 관리 및 영향평가

Chapter 10 정보주체의 권리보장

Chapter 11 개인정보의 인증

부록: 별지서식

01 Part 도서관 프라이버시

Library Privacy

Chapter 01

개인정보 및 프라이버시의 개념

개인정보의 개념

개인정보란

개인정보란 「개인정보 보호법」(법률 제11990호, 2013.8.6, 일부개정) 제2조제1항에 의하면, '살아 있는 개인에 관한 정보로서 성명, 주민등록번호 및 영상 등을 통하여 개인을 알아볼 수 있는 정보(해당 정보만으로는 특정 개인을 알아볼 수 없더라도 다른 정보와 쉽게 결합하여 알아볼 수 있는 것을 포함한다)를 말한다'라고 정의하고 있다.

이와 유사하게 「정보통신망 이용촉진 및 정보보호 등에 관한 법률」 제2조제6항에서도 개인정보란 '생존하는 개인에 관한 정보로서 성명·주민등록번호 등에 의하여 특정한 개인을 알아볼 수 있는 부호·문자·음성·음향 및 영상 등의 정보(해당 정보만으로는 특정 개인을 알아볼 수 없어도 다른 정보와 쉽게 결합하여 알아볼 수 있는 경우에는 그 정보를 포함한다)를 말한다'라고 정의하고 있다. 「전자서명법」 제2조제13항에서도 동일하게 개인정보에 대해 정의하고 있음을 알 수 있다.

개인정보의 예

인터넷서비스업체가 수집하는 IP주소나 쿠키는 그 자체로는 개인정보가 아니지만 다른 정보와 쉽게 결합하여 특정한 개인을 알아볼 수 있는 정보이므로 개인정보가 될 수 있으며, 인터넷포털회사들도 'IP주소, 쿠키, 방문일시, 서비스 이용기록' 등을 개인정보로 규정하고 있다. 이러한 개인정보가 개인의 동의 없이 사용될 때 프라이버시 문제가 발생하게 된다(안지만, 김한일, 2008).

OECD 가이드라인에서 말하는 개인정보란

OECD 가이드라인에서는 개인정보를 '식별된 또는 식별할 수 있는 개인(데이터의 주체)에 관한 정보 일체'라고 정의하고 있으며(OECD, 2001), 유럽연합의 개인정보 보호지침에서는 '개인정보(personal data)라 함은 자연인(이하 '정보주체'라 한다)의 신원이 확인되었거나, 확인할 수 있는 것과 관련한 정보를 말한다. 신원을 확인할 수 있는 자는 직·간접으로, 특히 신원증명번호 또는 신체적·생리적·정신적·경제적·문화적 또는 사회적 동일성에 관한 하나 또는 그 이상의 요인을 참조하여 그 신원을 알 수 있는 사람이다'라고 정의하고 있다(박훤일, 2001).

프라이버시의 개념

프라이버시 문제는 법적 또는 정치적 이슈로서 100년의 역사를 가지고 있으며, 그 개념이 등장한 이래 깊이 있게 논의되어 온 개념이다(Brunk, 2001).

프라이버시란

프라이버시(privacy)란 개인의 사생활이나 집안의 사적인 일, 또는 그것을 남에게 간섭받지 않을 권리이며, '사삿일', '사생활', '자기 생활'로 순화되어 사용되기도 한다(네이버 국어사전). Warren과 Brandeis(1890)는 '프라이버시의 원리는 보증되거나 해칠 수 없는 안전한 위치에 있는 인격의 보호로 정리될 수 있다'

고 하였다.

『문헌정보학 백과사전』의 프라이버시 정의

『문헌정보학 백과사전』에서는 프라이버시를 개인의 삶과 전문가적 삶에 대한 정보가 공개되지 않고, 특히 정부기관이나 상업기관에 폭로되지 않으며, 법적 권한범위 내에서 감시로부터 자유로울 권리로 정의하고 있다.

프라이버시의 유형

Clarke(1998)는 프라이버시의 유형을 다음과 같이 네 가지로 구분하였다.

① 개인의 프라이버시(privacy of the person): 개인의 몸의 완전성을 다루는 것

② 개인행동의 프라이버시(privacy of personal behavior): 사적인 장소와 공공장소에서 개인행동의 민감한 측면과 관련된 것

③ 개인적인 커뮤니케이션의 프라이버시(privacy of personal communications): 다른 사람에 의해 그들의 커뮤니케이션이 모니터링되지 않고 다양한 매체를 사용해서 커뮤니케이션할 권리

④ 개인적인 데이터의 프라이버시(privacy of personal data): 개인에 관한 데이터가 다른 개인이나 조직에 의해 이용되게 할 것인지 아닌지, 그리고 개인이 자신의 데이터와 이용에 대한 통제 여부를 결정할 수 있는 권리

프라이버시가 침해될 수 있는 상황

프라이버시가 침해될 수 있는 상황은 인터넷서비스 제공자가 인터넷 이용자의 각종 개인정보를 수집하여 이용하는 경우, 합법적인 방법으로 정보를 수집·이용하지 않는 경우, 그리고 인터넷서비스 제공자가 수집·보유하고 있는 개인정보를 국가나 법기관에서 압수·수색하여 취득하는 경우 등이 있다고 하였다(허순철, 2009). 프라이버시 침해 문제가 과거에 비해 더 심각해진 이유는 정보보호 대상영역이 확대되고, 사적 정보에 대한 개인의 통제권을 지나치게 주었기

때문이라는 주장도 있다(김보선, 홍의경, 2008).

이 외 수집된 개인정보를 활용한 침해 사례는 수없이 많다. 그 중 이슈가 되었던 것은 구글이 미국 정부의 요구에 개인정보를 제공하였다는 사실이다. 그리고 제공할 개인정보 수집을 위한 과정에서 구글 직원이 정보주체의 사생활을 침해하고 해킹을 하였으며, 정보를 판매하기도 했다는 것이다. 이는 합법적으로 정보가 제공되고 수집되더라도 수집된 개인정보는 위험에 노출될 수 있다는 사실을 말해 주고 있다.

프라이버시가 지켜질 수 있는 조건

Gavison(1980)은 프라이버시가 지켜질 수 있는 첫 번째 조건으로 개인이 자기 자신에 대한 정보를 통제할 수 있어야 한다고 주장했다. 즉, 개인이 자신에 대한 정보 관리의 범위, 관리하는 방법 및 시간 등을 통제할 수 있어야 한다는 것이다. 둘째 조건은 개인에 대한 배타적 접근이다. 한 사람에 대한 정보가 다른 사람에게 완벽하게 접근되어질 수 없는 상태이며, 기밀(confidentiality), 익명(anonymity), 격리(isolation)의 개념으로 획득될 수 있다고 했다.

프라이버시 종합 정리

한마디로 프라이버시란 개인의 사생활이나 사적인 일로서, 모든 사람은 자신의 관심주제가 다른 사람에 의해 조사되거나 감시되지 않고 질문을 할 수 있는 프라이버시권리(ALA, 2012)를 갖는다고 할 수 있다. 즉, 프라이버시권리는 헌법의 최고 원리인 인간의 존엄과 가치를 그 내용으로 하는 공·사법의 공통의 원리로서 사인 간의 법률관계에서도 효력을 가지므로 타인에 의해 개인의 프라이버시권리가 침해될 경우에는 기본권의 제3자적 효력(대사인적 기본권)에 관한 간접적용설에 따라 불법행위로 간주된다.

사생활권이란

프라이버시권리보다 더 포괄적인 개념으로서 사생활권이 있으며, 사생활권은 '타인의 방해를 받지 않고 개인의 사적 영역을 유지하고자 하는 이익 또는 권리'이다(한수웅, 2002).

자기정보결정권이란

자기정보결정권은 사생활권의 일종이라 할 수 있는 개념이다. 이는 '자신에 관한 정보의 흐름을 스스로 결정하거나 자율적으로 통제할 수 있는 권리'를 의미한다(권건보, 2005). 즉, 자기정보결정권이란 누가 어떤 목적으로 자신의 개인정보를 수집·이용하는지를 정보제공 이전에 명확하게 인지하고 이용자가 언제든지 자신의 개인정보를 열람·정정할 수 있으며, 더 이상의 개인정보 이용을 원치 않는 경우 이용에 대한 동의를 철회하거나 파기를 요청하는 권리를 보장하는 것을 뜻한다(행정안전부 한국정보보호진흥원, 2008).

필터버블의 개념

필터버블이란

필터버블(filter bubble)은 사람들이 인터넷을 탐색할 때 사람들마다 다른 탐색결과를 보여 주는 것을 말한다. 탐색결과는 탐색하는 사람이 누구냐(술 마시는 것을 좋아하는 사람, 친숙한 사람, 음악가, 문제아, 젊은 사람, 나이든 사람, 워커홀릭 등)에 따라, 탐색 히스토리에 따라, 지금까지 클릭한 문서에 대한 히스토리에 따라 달라진다. 예를 들어, 동일한 검색 키워드인 'Egypt'에 대해, 한 사람은 '이집트의 시위에 대한 사이트들'의 목록을, 다른 한 사람은 '이집트의 여행정보'에 대한 목록을 검색결과로 얻게 된다는 것이다(Pariser, 2011).

인터넷서비스 제공업체들의 개인정보 수집방법

인터넷서비스 제공업체들이 인터넷상 이용자의 활동을 기반으로 개인정보를 수집하는 대표적인 방법은 다음과 같다. 첫째, PageRank 알고리즘을 이용한 웹의 연결구조 파악을 기반으로 한 웹페이지 순위정보를 확보하는 방법이며, 이는 이용자들의 웹방문 및 링크정보를 활용하는 것이다. 둘째, 이용자의 탐색어, 방문한 URL, 사용자의 IP주소, 검색시간, 사용한 브라우저, 운영체제, 쿠키, 아이디와 같은 사용자정보 등을 활용하는 방법이다. 이러한 다양한 정보들이 구글의 필터링서비스의 성능을 높이고 있는 것이다.

개인화의 개념

개인화란

개인화(personalization)란 웹사이트 방문자의 개별적인 요구에 대하여 개인화된 상품과 정보를 제공하는 것을 의미한다(Allen, Kania and Yaeckel, 1998). 이를 기반으로 하면, 개인화서비스(personalized service)는 웹사이트가 웹로그 등을 통하여 사용자에게 맞는 서비스를 제공하는 것이라 정의할 수 있다.

개인화의 장점

개인화의 장점은 사용자의 충성도를 높이고, 사용자의 탐색시간을 절약할 수 있으며, 자신이 원하는 것을 신속하게 선택할 수 있도록 한다는 것이다(Allen, Kania and Yaeckel, 1998).

도서관과 지적자유

도서관과 지적자유에 관한 성명

도서관 이용자의 개인정보 보호는 도서관의 지적자유와 깊은 관련이 있다. 1930년대 미국의 검열 사건은 지금까지 수없이 재개정된 '도서관권리선언(Library Bill of Rights)' 수립의 계기가 되었고, 1999년 IFLA가 '도서관과 지적자유에 관한 성명(Statement on Libraries and Intellectual Freedom)'을 천명하게 하였다. 도서관에서의 지적자유 수호는 표현의 자유와 사상의 자유, 알 권리를 보장하기 위한 것이며, 이는 도서에 대한 반검열과 이용자의 프라이버시 보호가 전제되어야 한다.

지적자유에 대한 논의

지적자유에 대한 논의가 활발하게 이루어진 시기는 미국의 경우 1930년대부터 약 20년 동안이고, 국내의 경우 1980년대부터 2000년대 중반까지이다. 이후 검열이나 지적자유에 관련한 논문은 그다지 많지 않은데, 이는 학계 및 도서관계의 노력으로 도서관계에서 검열제도가 거의 사라졌기 때문인 것으로 보인다.

이용자 검열

현재는 이러한 검열제도 대신에 시스템에 의한 이용자 검열이 이루어지고 있다고 할 수 있다. 정보통신기술의 발달로 도서관에서는 도서관 이용자의 모든 활동을 기록하고 보관한다. 이러한 정보는 언제든지 노출될 수 있으며, 정부, 기관 또는 개인에 의해 분석되고 활용될 수 있다.

지적자유의 조건

도서관의 지적자유는 개인의 자유와 행동을 이끌어 내는 모든 자유의 전제조건이라 할 수 있으며, 다음의 두 가지 조건이 보장되어야 한다(정현태, 2000). 첫째, 모든 개인은 어떤 사안에 대해서든지 자신만의 신념을 가질 수 있으며, 그것에 대한 생각을 적절하다고 생각하는 다양한 형태로 표현할 수 있는 권리를 가져야 한다. 둘째, 시민사회는 모든 정보와 사상에 대한 제한 없는 접근이 가능하도록 그 책무를 다해야 하며, 그것은 커뮤니케이션 수단 및 매체, 정보의 생산자 및 그것을 받아들이는 자의 관점에 따라 달라져서는 안 된다. 결국 지적자유는 정보의 순환을 의미하는 것으로, 만약 표현의 자유나 정보 접근의 자유가 억압된다면 그 순환은 깨지게 된다.

도서관과 프라이버시

도서관 프라이버시란

도서관 프라이버시에 대해서 Garoogian(1991)은 '자신의 생각, 감정, 신념, 두려움, 계획이나 환상, 그리고 이러한 것들의 통제를 다른 사람으로부터 지킬 수 있는 능력이며, 그것을 다른 사람들과 공유할 것인지를 결정할 수 있는 능력'이라고 하였다. Blitz(2006)는 '도서관 이용에서 프라이버시의 가치는 정보를 제공받을 권리이며, 그것을 은밀하게 사용할 수 있는 권리'라고 하였으며, '도서관은 아이디어의 독자적 탐사를 위한 안식처를 제공해야 한다'고 주장하였다.

ALA에서 말하는 도서관 프라이버시

ALA(American Library Association)는 도서관에서의 프라이버시권리를 '한 사람의 관심주제가 다른 사람에 의해 조사되거나 감시되지 않고 질문을 할 수 있는 권리'라고 정의하였다(ALA, 2012).

프라이버시와 도서관 프라이버시

프라이버시는 헌법에 명시된 인간의 권리로서 개인의 지적 · 사회적 · 문화적 삶을 다른 사람과 공유하고 싶은 정도, 즉 다른 사람이 자신의 사적인 삶에 끼어들 수 있는 정도를 결정할 수 있는 개인의 자유라 할 수 있다. 또한 도서관 프라이버시는 이용자가 지적자유를 누리기 위한 권리로서 이용자가 자신의 관심주제에 대해 다른 사람이나 기관에 의해 조사 및 감시를 당하지 않을 권리라고 할 수 있다.

Chapter

02 프라이버시 관련법 및 정책

개인정보 및 프라이버시 관련법 및 지침

공공부문의 법과 민간부문의 법

도서관의 개인정보 보호정책은 개인정보와 관련된 각종 법률과의 관계를 고려하여 개발되어야 한다. 따라서 본 절에서는 도서관의 개인정보 보호정책을 개발할 때 참조해야 할 법들을 살펴보고자 하였다. 우리나라 개인정보 보호 관련법은 크게 공공부문과 민간부문으로 나눌 수 있다. 도서관 이용자의 개인정보 보호에 영향을 미치는 법은 공공부문의 법과 민간부문의 법, 그리고 「도서관법」으로 크게 대별할 수 있다.

공공부문의 법은 「개인정보 보호법」, 「공공기관의 정보공개에 관한 법률」, 「전자정부구현을 위한 행정업무 등의 전산화촉진에 관한 법률」 등이 있다. 민간부문의 법은 매우 다양하나 「개인정보 보호법」에서 개인정보와 관련이 있는 법률은 네 가지를 들고 있다. 첫째, 「통신비밀보호법」(1993.12)은 우편물의 검열, 전기통신의 도청, 대화의 녹음·청취에 관한 내용을 규정하고 있다. 둘째, 「신용정보의 이용 및 보호에 관한 법」(1995.1)은 신용정보의 오·남용 방지 등 사생활의 비밀 보호를 목적으로 하고 있다. 셋째, 「금융실명거래 및 비밀보장에 관한 법」(1997.12.31)은 금융거래의 내용에 대한 정보 또는 자료에 관한 내용을 규율하고 있다. 그 외 개인정보 보호에 관한 법률로 「정보통신망 이용촉진 및 정보보호에 관한 법률」(2001.1.16) 등이 있다.

또한 특별한 규정을 가진 다른 법률로서 「국가공무원법」, 「형법」, 「주민등록법」, 「의료법」, 「공직자윤리법」 등에서는 직무상 알게 된 비밀의 누설 금지 및 위반 시의 형벌 또는 징계부과에 관한 내용을 다루고 있다.

OECD의 프라이버시 보호 원칙

경제협력개발기구(OECD)는 다국적 기업의 데이터 유통·관리에 대한 회원국의 일치된 의견을 정리하여 프라이버시 보호를 위해 회원국이 준수해야 할 8가지 일반적인 원칙을 규정하는 '프라이버시 보호와 개인정보의 국제적 유통에 관한 가이드라인(OECD Guidelines on the Protection of Privacy and Transborder Flows of Personal Data)'을 발표하였다. OECD가 프라이버시 보호를 위해 제시한 8가지 원칙은 다음과 같다(OECD, 2013).

• OECD의 프라이버시 보호 관련 8원칙

① **수집 제한의 원칙**(Collection Limitation Principle)
개인정보의 수집은 정보주체의 동의를 얻어 적법한 절차를 통해 수집되어야 하며, 민감한 개인정보에 대해서는 수집이 제한되어야 한다.

② **정보 정확성의 원칙**(Data Quality Principle)
개인정보는 이용하는 목적에 부합된 것이어야 하며, 이용목적의 필요범위에서 완전하고 정확한 최신정보로 유지되어야 한다.

③ **목적 명기의 원칙**(Purpose Specification Principle)
개인정보를 수집할 때는 수집 이전에 수집목적이 명시되어야 하고, 이용할 경우 명시된 목적과 일치해야 한다.

④ **이용 제한의 원칙**(Use Limitation Principle)
개인정보는 정보주체의 동의가 있거나 법률적 규정에 의한 경우를 제외하고 명시된 목적 외 다른 목적으로 이용 및 공개되어서는 안 된다.

⑤ **안전성 확보의 원칙**(Security Safeguards Principle)
개인정보의 침해, 분실, 도용, 훼손, 공개 등을 방지하기 위한 합리적인 안전보호장치를 마련해야 한다.

⑥ **공개의 원칙**(Openness Principle)
개인정보에 관한 활용 및 보호정책은 일반에게 공개되어야 하며, 개인정보의 존재, 성질, 이용목적과 정보 관리자의 신원 및 연락처에 대해 쉽게 접근할 수 있어야 한다.

⑦ 개인 참가의 원칙(Individual Participation Principle)
정보주체는 자신과 관련된 개인정보의 소재를 확인할 수 있으며, 필요한 경우 열람·정정·삭제·보완에 대한 권리를 가진다.

⑧ 책임의 원칙(Accountability Principle)
정보 관리자는 모든 원칙을 준수해야 하며 필요한 조치를 취해야 할 책임이 있다.

「도서관법」

「도서관법」에서 언급되는 개인정보에 대한 내용은 매우 간단하지만 도서관은 공공기관의 범주에 속하므로 「개인정보 보호법」의 적용을 받는 것으로 해석해야 할 것이다.

도서관 이용자의 개인정보 보호에 관하여 직접 언급하고 있는 법은 「도서관법」이다. 「도서관법」 제8조와 「도서관법 시행령」 제13조의5에서 개인정보에 관한 조항을 다음과 같이 규율하고 있다.

• 「도서관법」 제8조와 「도서관법 시행령」 제13조의5

「도서관법」 [시행 2012.8.18] [법률 제11310호, 2012.2.17, 일부개정]

제8조(이용자의 개인정보 보호) ‘도서관은 도서관 이용자의 개인정보 보호를 위하여 다음 각 호의 시책을 강구하여야 한다.

1. 이용자의 정보 수집과 관리, 공개 등에 관한 규정의 제정에 관한 사항
2. 도서관 직원에 대한 관련 교육의 실시에 관한 사항
3. 그 밖에 이용자의 개인정보 보호와 관련하여 도서관장이 필요하다고 판단한 사항

「도서관법 시행령」 [본조신설 2009.9.21] [제13조의4에서 이동 <2014.8.12>]

제13조의5(개인정보의 정정 또는 삭제 청구) ① 법 제20조의2제3항에 따라 개인정보의 정정 또는 삭제를 청구하려는 자는 개인정보 정정·삭제 청구서를 국립중앙도서관장에게 제출하여야 한다.

② 국립중앙도서관장은 제1항에 따른 정정 또는 삭제 청구를 받은 때에는 10일 이내에 필요한 조치를 한 후 정정·삭제조치 결과통지서를 청구인에게 송부하여야 한다. 이 경우 10일 이내에 필요한 조치를 할 수 없는 정당한 사유가 있을 때에는 그 사유를 통지하고 한 차례만 10일의 범위에서 그 기간을 연장할 수 있다.

③ 국립중앙도서관장은 제1항에 따른 정정 또는 삭제 청구에 대하여 정정 또는 삭제를 하지 아니하기로 결정하거나 청구의 내용과 다른 결정을 한 경우에는 그 결정의 내용 및 사유와 해당 결정에 대한 불복절차에 관한 사항을 적은 정정·삭제거부 등 결정통지서를 청구인에게 송부하여야 한다.

도서관의 개인정보 보호에 영향을 미치는 미국의 대표적인 법은 「해외정보감시법」과 「애국법」이다.

「해외정보감시법」

「해외정보감시법(Foreign Intelligence Surveillance Act, FISA)」은 미국 의회가 정당한 감독 없이도 미국에 대한 외국의 위협과 관련한 정보를 수집할 수 있도록 미 행정부와 산하 정보기관에서 전자적 수사권한을 부여하여 국가보안을 강화하고자 한 것이다.

「애국법」

「애국법(Patriot Act)」은 2001년 9·11테러 사건 이후에 제정된 법으로, 도서관에 영향을 미치는 조항은 제215조이며, FBI가 국제 테러리즘 또는 비밀정보활동에 대응하기 위한 목적으로 도서, 기록, 보고서, 문서 등을 포함한 어떠한 유형의 매체라도 요구할 수 있도록 규정하였다. 따라서 도서관 이용기록은 조사와 감시의 대상이 되었고, 이용자들은 자신들의 기록이 조사되거나 감시받고 있다는 사실을 모르게 되었다.

국내외 도서관 개인정보 보호정책 사례

국립중앙도서관의 개인정보 처리방침

국립중앙도서관 개인정보 처리방침의 마련은 2004년 4월 1일 국가인권위원회(인권위)가 무인좌석발급기를 도입한 전국의 21개 공공도서관을 대상으로 2003년 7월부터 2004년 2월까지 조사한 결과 이용자의 사생활이 침해된 사실이 드러났다며, 국립중앙도서관과 해당 도서관들에게 개인정보·인권보호조치 마련을 권고한 데 따른 것이다. 당시 인권위 조사결과 상당수 공공도서관들이 설치된 무인좌석발급기에서 시민에게 일률적으로 주민등록번호를 요구하거나 열람실 안까지 CCTV를 설치해 촬영한 자료를 별도 규정 없이 관리·활용하고 있었다. 국립중앙도서관은 '개인정보 보호지침'을 마련하고 전국의 공공도서관에 이에 따른 추가 지침 수립 등의 조치를 취할 것을 통보했으며, 공공도서관 사서 연수·교육 시 개인정보 보호와 인권침해에 관한 과목을 교육과정에 포함시키고, 자체 직원교육을 실시해 나가겠다고 한 바 있다.

즉, 국립중앙도서관의 개인정보 처리방침은 2005년 '개인정보 처리지침'이라는 이름으로 수립되었으며 그 주요 내용은 다음과 같다.

① 도서관 회원가입 시 개인정보 유효기간을 6개월~3년의 기간 내에서 회원이 임의로 선택하도록 하였고, 유효기간이 지나면 자동 삭제되도록 하였고, 그 기간 이전이라도 회원이 탈퇴를 하면 지우도록 하였다.

② 회원 개인별 도서대출기록서비스도 임의로 삭제할 수 있도록 하였다. 이는 회원의 도서대출기록이 개인의 사상, 취향, 가치관을 알리는 중요한 개인정보라는 점을 반영한 것이다.

③ 카드 형태의 회원증 표면상에는 이름, 사진, 회원번호만을 표기하도록 규정하여 회원증 분실 시 개인의 주소나 주민등록번호가 노출되지 않도록 하였고, 온라인 및 오프라인상의 회원등록 시 주민등록번호와 같은 민감한 개인정보는 요구하지 않도록 하였다.

④ CCTV 설치와 관련하여 열람실 내에는 회전 및 줌 방식의 고성능 기기 설치를 금지하였으며, 디지털자료실에 설치된 컴퓨터의 모니터링 기능 설정을 없애도록 하였다.

그러나 2012년에 '개인정보 처리방침'으로 명칭을 바꾸어 매우 상세하게 개인정보 보호와 관련하여 홈페이지에 공지하고 있으며, 2005년의 방침과 비교하여 그 내용이 확대되고 구체화된 것을 알 수 있다(국립중앙도서관, 2012).

국립중앙도서관이 운영하는 모든 홈페이지에 공지된 국립중앙도서관의 개인정보 처리방침은 이용자의 개인정보를 보호하기 위한 '홈페이지 이용자의 개인정보 보호'와 소관업무를 수행하는 데 필요한 개인정보 취급에 대한 '컴퓨터에 의해 처리되는 개인정보 보호'의 두 가지로 구성되어 있다. 추가적으로 '영상정보처리기기 운영·관리방침'을 별도로 마련하여 국립중앙도서관에서 처리하는 영상정보가 어떠한 용도와 방식으로 이용·관리되고 있는지를 공지하고 있다.

미국도서관협회의 개인정보 보호정책

미국도서관협회(American Library Association, ALA)의 '도서관 프라이버시정책 개발을 위한 가이드라인'은 2003년에 산하 위원회인 지적자유위원회(Intellectual Freedom Committee, IFC)에서 제정한 것이다. 이 가이드라인은 다양한 관종의 도서관이 개개 도서관의 도서관 프라이버시정책을 개발할 때 참조할 수 있는 다양한 정보와 샘플을 제시하여 개개 도서관에서 자관의 도서관 프라이버시지침을 개발할 때 참조할 방향을 포괄적으로 제시하고 있다.

이 지침에서는 다섯 가지의 '공정정보 실행원칙(Fair Information Practice Principles)'을 개개 도서관의 프라이버시지침에 포함할 것을 제안하고 있다. ALA의 5가지 표준 프라이버시원칙은 다음과 같다.

① **공지와 개방**: 이용자 개개인을 식별할 수 있는 정보의 프라이버시와 기밀에 대한 도서관정책을 이용자에게 공지하고 개발하는 것

② **선택과 동의**: 이용자의 개인정보 사용에 대한 이용자의 선택과 동의

③ **이용자에 의한 접근**: 이용자 개개인을 식별할 수 있는 정보에 대한 이용자에 의한 접근

④ **데이터의 무결성과 보안**: 개인정보 데이터의 무결성과 보안

⑤ **집행과 구제(보상)**: 도서관은 이용자의 프라이버시정책을 집행할 수 있는 효과적인 방법론을 수립하고 유지해야 한다. 이용자가 도서관에 의해 자신의 프라이버시권리가 침해당했다고 느낀다면, 그 이용자에 대한 보상이 이루어져야 한다.

더 나아가 ALA는 도서관의 기밀정책에서 도서관 이용자의 정보는 법원 명령

이나 소환장이 있을 경우에만 제공될 수 있음을 규정하고 있다.

개인정보 보호와 도서관인 윤리선언

도서관인 윤리선언

1996년에 한국도서관협회는 제47차 정기총회에서 가칭 '사서직윤리헌장 제정사업'을 추진하기로 결의하였다. 이후 10차례의 위원회 회의와 2차례의 공청회 및 2차례의 지상공청을 거쳐 '도서관인 윤리선언'에 대한 3차의 제안문을 작성하고, 이사회의 심의를 받아 그 문안을 확정하여 1997년 10월 30일 제35회 전국도서관대회에서 '도서관인 윤리선언'을 선포하였다(한국도서관협회, 1997a, 1997b).

'도서관인 윤리선언'은 민주주의 수호, 자아성장, 자율성이라는 세 가지 핵심 이념과 이를 구체화할 수 있도록 협동력, 봉사정신, 최종책임자의 권리, 공익기관 종사자로서의 품격이라는 4가지 보조적 요소가 주문(主文)을 이루고 있다. 그리고 이 7개의 주문에는 각각 4개항으로 총 28개항의 행위지표를 바탕으로 도서관 현장에서 초래될 수 있는 문제점에 대하여 대응할 수 있는 판단기준을 제시하고 있다.

ALA의 도서관 권리선언

1939년 ALA는 당시 행해지던 검열행위에 대처하고 도서관자료의 선정에 정치·이념적 의도를 개입시키지 말아야 한다는 입장을 표명하기 위해 '도서관 권리선언(The Library Bill of Rights)'을 채택하였다. 즉, 도서관의 이상, 시민의 정보권, 그리고 그러한 이상을 뒷받침하기 위해 전문직으로서의 사서의 권리와 책임에 대한 것을 분명히 한 것이다.

이후 수차례 개정되었는데 1944년에는 '도서관 권리선언' 제1조에 '사실에 입각하여 정당하다고 볼 수 있는 도서가 일부 인사들의 항의에 의해서 도서관에서 배제되는 일이 있어서는 안 된다'는 요지의 항목을 추가하였고, 1948년에는 '도서관 권리선언'을 대폭 수정하게 되었다. 지금까지의 권리선언이 공공도서관에만 적용되었던 것을 모든 종류의 도서관으로 범위를 확대하고, 검열에 도전하는 도서관의 책임을 분명히 하였으며, 사상과 표현의 자유를 박탈하는 것에 투쟁하기 위하여 과학, 교육, 출판 등의 관계단체와 협력할 것을 명시하였다.

또한 1967년에는 '도서관 권리선언'을 개정하여 기준이 명백하지 못하고 범위를 정하기 어려우며 악용의 사례가 있음을 들어 해당 구절(예: 건전하고 사실에 기초하여 권위가 있는 것)을 삭제하였다. 그리고 이용자의 권리보장에 연령과 사회적 견해를 추가하고, 도서관장서에 시청각자료를 포함시키기 위하여 독서자료(reading matter)로 표기되어 있던 것을 도서관자료(library materials)로 수정하여 자료의 범위를 확대하였다.

그리고 1980년의 주요 개정사항은 도서관의 역할을 '민주적인 삶을 교육하는 기관(institution to educate for democratic living)'이라고 하던 것을 '정보와 사상을 위한 광장(forums for information and ideas)'으로 개정한 것이다.

Chapter 03 도서관과 「개인정보 보호법」

「개인정보 보호법」 개요

「개인정보 보호법」의 주요 내용

「개인정보 보호법」은 개인정보의 수집·유출·오용·남용으로부터 개인의 사생활을 보호함으로써 개인의 존엄과 가치를 구현하고 국민의 권리와 이익을 증진시키기 위해 2011년 3월 제정되어 그해 9월 30일부터 시행되었다. 개정되어 시행된 「개인정보 보호법」의 주요 내용은 다음과 같다.

① 개인정보 보호의 범위를 모든 개인정보 처리자로 확대하고, 전자적으로 처리되는 개인정보 외에 수기(手記) 문서까지 개인정보의 보호범위에 포함

② 개인정보 보호위원회 설치

③ 개인정보의 수집·이용·제공 등의 단계별 보호기준 마련

④ 주민등록번호와 같은 고유식별정보의 원칙적 처리 금지, 고유식별정보 외의 방법으로 개인을 식별할 경우 이에 대한 정보를 의무적으로 제공하도록 하는 등의 처리 제한 강화

⑤ 영상정보처리기기의 설치 제한 근거 마련

⑥ 개인정보 영향평가제도 도입

⑦ 개인정보 유출사실의 통지·신고제도 도입

⑧ 정보주체에게 개인정보에 대한 권한을 부여하여 정보주체의 권리를 보장

⑨ 개인정보 분쟁조정위원회 설치 및 집단분쟁조정제도 도입

⑩ 단체소송의 도입

⑪ 정보주체가 개인정보 처리자로부터 권리 및 이익을 침해당할 시, 행정자치부장관에게 침해사실을 신고

• 「개인정보 보호법」 개정 관련 주의사항

「개인정보 보호법」이 주민등록번호 수집의 원칙적 금지, 유출 시 과징금 부과 등을 주요 내용으로 개정・시행됨에 따라(공포일 2013.8.6, 시행일 2014.8.7), 2014년 8월 7일부터 근거 없이 불필요하게 주민등록번호를 수집하는 행위가 엄격하게 제한되었으며, 위반 시 과태료가 부가된다.

「개인정보 보호법」 세부 개정내용

개정된 「개인정보 보호법」의 주요 내용은 크게 세 항목으로 나눠진다.

첫째, '주민등록번호 처리의 제한' 신설(제24조의2)이다. 이에 따라 주민등록번호의 수집 및 처리를 원칙적으로 금지하고, 예외적인 경우에만 허용하게 되었다.

주민등록번호의 예외적 처리 허용 사유는 다음과 같다.

① 법령(법률・시행령・시행규칙)에서 구체적으로 주민등록번호의 수집 및 처리의 요구를 허용한 경우

② 정보주체 또는 제3자의 급박한 생명, 신체, 재산의 이익을 위해 명백히 필요한 경우

③ 기타 주민등록번호의 수집 및 처리가 불가피한 경우로서 행정자치부령으로 정하는 경우

그리고 기관이 보유한 주민등록번호는 법 시행 후 2년 이내(2016년 8월 6일까지) 반드시 파기해야 한다.

둘째, 주민등록번호 유출에 대한 '과징금의 부과 등'의 신설(제34조의2)이다.

이에 따라 주민등록번호의 유출 등에 대비하여 안전성 확보 조치를 하지 않은 경우 최대 5억 원 이하의 과징금을 부과·징수하게 된다.

셋째, 대표자(CEO) 등에 대한 '징계권고'의 신설(제65조제3항)이다. 법규 위반행위에 따라 행정자치부장관의 징계권고 대상에 대표자(CEO) 및 책임 있는 임원이 포함됨을 명시하였다.

주민등록번호 수집 금지에 따른 조치사항

주민등록번호 수집의 기본원칙

주민등록번호의 수집 금지에 따라 개인정보 수집 시 주민등록번호를 포함하는 경우 다음과 같은 주민등록번호 수집의 기본원칙을 준수하여야 한다.

• 주민등록번호 수집의 기본원칙

① 법령상 구체적 근거가 있는 경우에는 현행 유지
② 법령상 근거는 없으나 주민등록번호 수집이 불가피한 경우 근거 마련 지원요청
- (민간사업자/협회) 해당 업종 소관부처에 법령 근거 마련 지원요청
- (소관부처) 타당성 검토 후 불가피한 경우에 한하여 법령 근거 마련

③ 위 ①, ②에 해당하지 않는 경우 주민등록번호를 수집하지 않도록 전환

출처: 안전행정부 개인정보보호과(2014)

즉, 모든 개인정보 처리자는 위의 기본원칙에 따라 주민등록번호 수집 금지에 대한 필요성을 검토하고 그에 따른 조치사항을 이행해야 한다. 법령상 주민등록번호를 구체적으로 허용하는 경우에는 그 법령에 따라 주민등록번호를 수집해야 한다. 예를 들어, 법령 조문에서 주민등록번호 수집을 요구·허용하는 경우, 법정 서식에 주민등록번호 기재란이 있는 경우, 법령 조문 또는 서식상 주민등록번호가 포함된 서류(주민등록증·초본)를 수집할 수 있도록 허용하는 경우 등이다.

또한 법령상 근거는 없으나 반드시 주민등록번호를 수집할 필요가 있는 경우에는 해당 업무 소관부처를 통해 법령 근거를 마련해야 한다. 하지만 주민등록번호를 수집할 필요가 없거나 대체가능한 경우에는 전화번호 등 다른 수단으로 대체하고, 기존에 보유하고 있던 주민등록번호는 파기하여야 한다. 즉, 회원 DB 관리에서 유일키로 활용되었던 주민등록번호를 다른 수단으로 대체해야 한다는 것이다.

「개인정보 보호법」 개정에 따른 도서관 개인정보 관리방향

개인정보 수집 · 이용에 대한 도서관 이용자의 동의 획득

이용자의 개인정보 관리를 위한 이행사항으로서, 미동의 이용자의 정보는 처리 · 활용이 불가하고 2년 내(2016년 8월 7일까지)에 파기해야 하며 구체적인 절차 및 내용은 다음과 같다.

첫째, '개인정보 수집 · 이용에 대한 동의'를 웹페이지에 제공하고 이에 대해 이용자 동의에 대한 필요성을 안내하여 이용자로부터 동의를 구해야 한다.

둘째, 기존 이용자의 동의를 위해 이용자 신분증으로 대면확인 후, 이용자의 정보를 조회하여 개인정보 수집 · 이용에 동의를 받은 후 대출/반납 등의 서비스를 이용할 수 있도록 한다.

셋째, 신규 이용자 등록 시, 이용자 본인이 개인정보 수집 · 이용에 동의를 하고 개인정보를 입력할 수 있도록 하여야 하며, 신분증으로 대면확인하여야 한다. 후에 이용자가 ID 부여 및 부가정보를 입력할 수 있도록 한다.

이용자 주민등록번호 파기

이용자 개인정보 관리를 위해 주민등록번호로 설정된 회원 ID는 현행법상 보유 및 활용이 불가하므로 주민등록번호를 반드시 파기해야 한다. 도서관은 주민등록번호로 설정된 회원 ID정보를 수정하기 위해 홈페이지에 관련사항을 공지하여 이용자가 ID를 변경하도록 유도해야 한다.

개정 「개인정보 보호법」 시행에 따른 도서관의 대처방향

수립·공개된 개인정보 처리지침의 방향

2014년 8월 7일부터 개정된 「개인정보 보호법」 제30조에 따라, 개인정보를 취급하는 도서관은 이용자의 개인정보 보호 및 권익을 보호하고 이용자의 개인정보와 관련된 고충을 신속하고 원활하게 처리할 수 있도록 개인정보 처리지침을 수립·공개해야 한다.

표준 도서관 개인정보 가이드라인 개발의 필요성

개개 도서관은 국립중앙도서관에서 발표한 '도서관 개인정보 가이드라인'을 기반으로 각 도서관의 상황에 맞게 수정·보완하여 사용할 수 있다.

가이드라인의 개발은 도서관이 수집·관리하고 있는 각종 개인정보, CCTV 등 인권 관련 장비 운용, 이용자 규정, 사서연수교육 등 인권과 관련된 사항에 대하여 국가인권위원회의 권고결정사항을 적극 수용하고, 권고사항 이행에 필요한 각 부서별 역할을 부여함으로써 업무를 효율적으로 추진하고 이용자의 인권보호를 위한 각종 조치의 내용을 명확하게 하기 위함이다.

개인정보 처리지침의 도서관 최적화

안전행정부 개인정보보호과에서는 2014년에 개정된 「개인정보 보호법」 시행에 따라 '주민등록번호 수집 금지 제도 가이드라인'을 발표하여 주민등록번호 수집·이용 현황 및 개선방향, 주민등록번호 수집 금지에 따른 조치사항을 구체적으로 제시하고 있지만 도서관의 상황을 반영하고 있지는 못하다.

도서관 개인정보 가이드라인 개발 필요

따라서 도서관의 상황에 맞는 도서관 개인정보 가이드라인의 개발을 통해, 도서관 이용자의 개인정보 취급방침, 기본원칙, 판단기준, 개인정보 수집·처리 체크리스트, 개선절차, 상황별 조치사항 등을 구체적으로 제시할 필요가 있다.

예를 들어, 도서관은 도서관 이용자의 일반적인 개인정보뿐만 아니라 도서관의 업무수행상 발생하는 대출기록, 온라인탐색기록, 상호대차서비스 및 원문서비스기록, 참고서비스기록, 소셜서비스기록, 도서관 컴퓨터와 데이터 관리, RFID서비스기록, 도서관자동화기기기록, CCTV기록 등의 개인정보를 보유하고 있다. 도서관 개인정보 가이드라인은 이러한 상황에 대한 구체적인 지침을 포함함으로써 사서에게 실제적인 지침을 제시해 줄 수 있다.

02 FAQ

Part

Library Privacy

Chapter 01 개인정보의 개념

Q 01 「개인정보 보호법」은 도서관에도 적용됩니까?

A 「개인정보 보호법」은 일반법의 성격을 가지므로 공공기관, 서비스업, 비영리단체, 병원 등 모든 업종과 조직에 적용됩니다.

따라서 「개인정보 보호법」은 공공도서관, 전문도서관, 사립도서관 등 모든 관종의 도서관에 망라하여 적용됩니다.

Q 02 「개인정보 보호법」에서 규정하고 있는 '보호해야 할 개인정보'는 무엇입니까?

A 개인을 식별할 수 있는 개인정보에는 신원정보(성명, 주민등록번호, 주소 등), 소속정보(직장명, 학교명, 단체명 등), 고객정보(ID, 결재정보, 연락처 등), 개인에 관한 정보, 다른 정보와 결합하여 특정 개인을 식별할 수 있는 정보가 포함됩니다. 사망한 것으로 간주되는 자의 개인정보 중 유족과의 관계, 명예, 사생활 등과 관련된 정보 등도 보호해야 할 개인정보에 속합니다.

「개인정보 보호법」 제2조제1항에서 '개인정보'란 살아 있는 개인에 관한 정보로서 성명, 주민등록번호 및 영상 등을 통하여 개인을 알아볼 수 있는 정보를 말합니다. 이때 해당 정보만으로는 특정 개인을 알아볼 수 없더라도 다른 정보와 결합하여 알아볼 수 있는 정보도 포함

합니다.

예를 들어, 개인을 식별할 수 있는 개인정보로, 대한민국의 국민 중에서 특정 개인을 구분할 수 있는 신원정보(성명, 주민등록번호, 본적, 주소 등), 학교, 직장, 단체 등 소속된 곳에서 특정 개인을 구분할 수 있는 정보(성명, 학번, 사번, 학년, 직급 등), 기업 내 고객정보 중에서 특정 개인을 구분할 수 있는 정보(성명, ID 등 고객관리정보, 결재정보, 재화·용역의 공급을 위한 주소지 및 연락처) 등이 이에 해당합니다.

이미 사망하였거나 실종선고 등 관계 법령에 의해 사망한 것으로 간주되는 자에 관한 정보는 개인정보로 볼 수 없습니다. 다만, 사망한 개인의 정보가 유족과의 관계를 나타내는 정보이거나 유족 등의 명예 또는 사생활의 비밀과 자유를 침해하는 경우에는 개인정보에 해당될 수 있습니다.

Q 03 왜 주민등록번호를 수집 · 이용하지 않아야 합니까?

A 주민등록번호는 본래 행정목적으로 국가나 지방자치단체가 국민을 특정하기 위해 도입되었으나, 사회 전 분야에 걸쳐 과도하게 수집·이용되고 있어 유출 등으로 인한 피해 우려와 불안감이 늘고 있습니다.

개인정보 유출로 인한 피해 및 분쟁 방지를 위해서는 근본적으로 주민등록번호의 수집·이용을 최소화해야 합니다. 이에 행정자치부(구, 안전행정부)는 주민등록번호 미수집 환경을 조성하기 위해 「개인정보보호법」을 2014년 8월 6일에 개정하였습니다.

출처: 안전행정부 개인정보보호과(2014), 주민등록번호 수집 금지 제도 가이드라인

Q 04 2014년 8월부터 주민등록번호 수집이 전면 금지되었는데 어떻게 해야 합니까?

A 주민등록번호는 유일성, 평생불변성 등의 특징을 가지기 때문에 한 번의 유출로 지속적인 피해가 발생할 수 있는 중요한 정보입니다. 이에 정부에서는 불필요한 주민등록번호 수집 관행을 근절하고 유출 및 오·남용으로 인한 피해를 예방하고자, 지난 2013년 8월 6일 주민등록번호 수집 금지 등을 주요 내용으로 「개인정보 보호법」을 개정·공포하였습니다.

따라서 공공기관 및 민간사업자 등은 개정 「개인정보 보호법」이 시행되는 2014년 8월 7일 전까지 소관업무 수행과 관련한 주민등록번호 수집 및 이용 실태를 스스로 점검하여 불필요한 경우에는 주민등록번호를 수집하지 않도록 하거나 생년월일, 아이핀(I-PIN), 휴대폰번호, 회원번호 등으로 대체하여야 하며, 소관업무의 성격상 주민등록번호 수집이 불가피한 경우에는 해당 업무와 관련한 정부 부처에 법령 근거 마련을 요청하여야 합니다. 아울러, 법령 근거가 없는 경우에는 기존에 수집하여 보관 중인 주민등록번호를 2016년 8월 6일 이전까지 모두 파기하여야 합니다.

현재, 행정자치부(구, 안전행정부)는 개정 「개인정보 보호법」 시행에 대비하여 한국인터넷진흥원을 통해 주민등록번호 미수집 관련 상담 및 컨설팅을 지원하고 있습니다. 필요한 경우 궁금한 사항이나 세부 조치 등 필요사항에 대하여 문의할 수 있습니다.

• 주민등록번호 전환 지원 전담반(한국인터넷진흥원)

① 대표 문의처: 국번 없이 118번
② 관련 법제도 상담 및 컨설팅 문의
이메일: jumin@kisa.or.kr
③ 대체수단 도입 등 기술지원 상담 및 컨설팅 문의
이메일: privacy_support@kisa.or.kr

출처: 안전행정부 개인정보보호과(2014), 주민등록번호 수집 금지 제도 가이드라인

Q 05 도서관에서 찍힌 이용자의 식별가능한 옆모습 사진은 개인정보에 해당됩니까?

A 옆모습이라 할지라도 개인을 식별할 수 있는 경우에는 개인정보에 해당됩니다.

「개인정보 보호법」 제2조제1항에 따르면, 개인을 알아볼 수 있는 영상정보는 개인정보에 해당되므로 식별이 가능한 옆모습이 찍힌 사진은 개인정보에 해당한다고 볼 수 있습니다.

영상정보에서 개인을 식별할 수 있는 경우로서, 정보주체의 동의 없이 사진을 촬영하거나 이를 홈페이지 등에 탑재하는 행위는 개인정보를 침해하는 행위가 될 수 있습니다.

Q 06 민감정보란 무엇이며 해당 범위는 어디까지입니까?

A 「개인정보 보호법」 제23조(민감정보의 처리 제한)에 따라 민감정보란 사상·신념, 노동조합·정당의 가입·탈퇴, 정치적 견해, 건강, 성생활 등에 관한 정보, 그 밖에 정보주체의 사생활을 현저히 침해할 우려가 있는 개인정보로서 대통령령으로 정하는 정보를 말합니다.

다음 어느 하나에 해당되는 경우를 제외하고 개인정보 처리자는 민감정보를 처리하여서는 안 됩니다.

① 정보주체에게 제15조제2항 각 호 또는 제17조제2항 각 호의 사항을 알리고 다른 개인정보의 처리에 대한 동의와 별도로 동의를 받은 경우

② 법령에서 민감정보의 처리를 요구하거나 허용하는 경우

• 「개인정보 보호법 시행령」 제18조

민감정보의 범위

「개인정보 보호법」 제23조 각 호 외의 부분 본문에서 "대통령령으로 정하는 정보"란 다음 각 호의 어느 하나에 해당하는 정보를 말한다. 다만, 공공기관이 법 제18조제2항제5호부터 제9호까지의 규정에 따라 다음 각 호의 어느 하나에 해당하는 정보를 처리하는 경우의 해당 정보는 제외한다.

1. 유전자검사 등의 결과로 얻어진 유전정보
2. 「형의 실효 등에 관한 법률」 제2조제5호에 따른 범죄경력자료에 해당하는 정보

출처: 국립중앙도서관(2014), 국립중앙도서관 개인정보 침해·유출사고 대응지침

Q 07 개인정보 처리자, 보호책임자, 취급자란 무엇입니까?

A 「개인정보 보호법」 제2조(정의)에서 '개인정보 처리자'란 업무를 목적으로 개인정보파일을 운용하기 위하여 스스로 또는 다른 사람을 통하여 개인정보를 처리하는 공공기관, 법인, 단체 및 개인 등을 말합니다.

「개인정보 보호법」 제31조에 따라 개인정보 처리자는 개인정보 처리에 관한 업무를 총괄해서 책임질 '개인정보 보호책임자'를 지정하여야 합니다.

개인정보 보호책임자는 다음의 업무를 수행하여야 합니다.

• 「개인정보 보호법」 제31조제2항

개인정보 보호책임자의 지정

1. 개인정보 보호계획의 수립 및 시행
2. 개인정보 처리 실태 및 관행의 정기적인 조사 및 개선
3. 개인정보 처리와 관련한 불만의 처리 및 피해 구제
4. 개인정보 유출 및 오용·남용 방지를 위한 내부통제시스템의 구축
5. 개인정보 보호교육계획의 수립 및 시행
6. 개인정보파일의 보호 및 관리·감독
7. 그 밖에 개인정보의 적절한 처리를 위하여 대통령령으로 정한 업무

'개인정보취급자'란 「개인정보 보호법」 제28조에 따라 개인정보 처리자가 개인정보를 처리함에 있어서 개인정보가 안전하게 관리될 수 있도록 임직원, 파견근로자, 시간제근로자 등 개인정보 처리자의 지휘·감독을 받아 개인정보를 처리하는 자를 말합니다.

Q 08 개인정보 관련업무가 분산되어 있을 경우 업무별 책임자를 지정할 수 있습니까?

A ▸ 지정할 수 있습니다. 개인정보 처리 총괄책임자를 지정하도록 하고 있으나 분야별 책임자에 대한 제약조건은 없습니다.

「개인정보 보호법」 제31조제1항에서 개인정보 처리자는 개인정보의 처리에 관한 업무를 총괄해서 책임질 개인정보 보호책임자를 지정하도록 하고 있으며, 동법 시행령 제32조에서는 개인정보 보호책임자의 업무 및 지정요건에 대해 명시를 하고 있습니다. 그러나 분야별 책임자에 대한 제약조건을 두고 있지는 않습니다.

Chapter

02 개인정보의 수집

Q 09 기관의 대외비문서 열람 시, 열람자의 정보에 주민등록번호를 기재해도 됩니까?

A 법령상 주민등록번호 수집을 요구하거나 허용하는 내용이 구체적으로 명시된 경우에는 주민등록번호의 수집・이용이 가능합니다. 기관 대외비문서 열람의 경우 「보안업무규정 시행규칙」에 특별한 규정이 있는 경우로서 주민등록번호가 서식에 기재해야 하는 정보이므로 정보주체의 동의 없이 수집가능합니다.

즉, 법령(법률, 시행령, 시행규칙)상 주민등록번호의 수집을 요구하거나 허용하는 내용의 특별한 규정이 있거나 법령상 의무를 준수하기 위하여 불가피한 경우에는 정보주체의 동의 없이 개인정보를 처리할 수 있습니다.

「보안업무규정 시행규칙」 제36조 서식에 따르면 비밀 대출 및 열람을 한 경우 각각의 비밀문서 말미에 비밀열람기록전(秘密閱覽記錄箋)을 첨부하여 비밀관리기록부의 사용방법에 따라 관리하도록 하고 있으며, 서식에 기재하여야 하는 항목에 주민등록번호가 포함되어 있습니다.

출처: 안전행정부 개인정보보호과(2014), 주민등록번호 수집 금지 제도 가이드라인

Q 10 도서관에서 도서의 관내 열람 시, 회원카드 및 신분증과 함께 이용자의 이름과 연락처를 기재한 열람표를 받는 경우, 열람표에 개인정보 수집에 대한 동의 문구를 삽입하여야 합니까?

A 「개인정보 보호법」 제15조제3호에 따라 삽입하지 않아도 됩니다. 하지만 수집되는 개인정보는 최소한도의 정보이어야 합니다.

공공기관이 소관업무 수행을 위하여 불가피한 경우, 정보주체의 동의 없이 개인정보의 수집 및 이용이 가능합니다. 학생 및 교직원 이용자의 경우, 도서관 이용은 학교에서 제공해야 하는 내부 업무 처리에 해당하는 것으로 개인정보의 수집 및 이용이 가능합니다.

또한 정보주체와의 계약 체결 및 이행을 위한 경우, 일반 혹은 외부 이용자의 개별적인 동의 없이 해당 목적을 위하여 수집·이용이 가능합니다. 이러한 경우 수집되는 개인정보는 목적에 필요한 최소한도의 정보여야 합니다.

Q 11 도서관에서 시간제근로자의 성범죄 이력 조회 시, 개인정보 수집·이용에 대한 동의를 받아야 합니까?

A 「아동·청소년의 성보호에 관한 법률」에 따라 해당 근로자에게 동의를 받은 후에 조회해야 합니다.

「아동·청소년의 성보호에 관한 법률」 제57조제1항에서는 성범죄로 유죄판결이 확정된 자가 아동·청소년 관련기관 등을 운영하거나 아동·청소년 관련기관 등에 취업 또는 사실상 노무를 제공하고 있는지를 직접 또는 관계기관 조회 등의 방법으로 점검·확인하여야 한다고 규정하고 있습니다.

따라서 본인의 동의를 받아 관계기관의 장에게 성범죄의 이력 조회를 요청할 수 있습니다.

Q 12 회원가입을 하지 않고 도서관 홈페이지 게시판에 글을 쓸 때 본인 확인 절차(I-PIN 등)를 거쳐 작성자 전화번호, 이메일 등을 기재할 경우, 개인정보 수집에 동의를 받아야 합니까?

A 「개인정보 보호법」 또는 별다른 규정이 없는 경우 개인정보 수집·이용에 동의가 필요합니다.

도서관 홈페이지에서 회원가입을 하지 않은 채 게시판 등에 글을 쓰는 경우에도 작성자의 개인정보(이름, 전화번호, 이메일 등)가 수집됩니다. 이러한 경우에도 개인정보 수집에 해당하므로 법률의 규정이 있는 경우가 아니면 개인정보 수집·이용에 동의가 필요합니다.

Q 13 이용자가 기관 이용에 필요한 최소한의 정보 이상의 개인정보 수집에 대해 동의하지 않는다고 할 경우, 이용자에게 서비스 제공을 거부할 수 있습니까?

A 이용자가 개인정보 수집에 동의하지 않더라도 서비스를 제공해야 합니다. 만약 이용자에게 동의 거부에 따른 불이익이 있을 경우 그 내용을 알려야 합니다.

「개인정보 보호법」 제15조제2항제4호에 따라 개인정보 처리자는 개인정보의 처리에 대하여 이용자의 동의를 받을 때에는 정보주체에게 동의를 거부할 권리가 있다는 사실을 알려야 합니다. 또한 동의 거부에 따른 불이익이 있는 경우에는 그 불이익의 내용을 알려야 합니다.

아울러 「개인정보 보호법」 제16조제3항에서 보듯이 개인정보 처리자는 이용자가 선택적으로 동의할 수 있는 사항에서 몇몇 항목에 동의하지 않는다 하더라도 이용자에게 재화 또는 서비스를 제공해야 합니다.

Q 14 도서관 직원 채용시험 대상자의 주민등록번호 수집이 가능합니까?

A 입사지원 서류 제출이나 도서관 직원 채용시험 응시 등 입사지원 단계의 구직자는 근로계약 체결 여부가 확정되지 않은 상태이므로, 도서관에서 구직자의 주민등록번호를 수집하는 것은 불가능합니다.

따라서 아직 입사지원 단계인 구직자의 경우에는 생년월일이나 휴대폰번호 등의 수집으로 주민등록번호 수집을 대체하고, 이후 채용 여부가 확정된 후 사용자와 근로계약을 체결하는 단계에서는 고용보험 등 4대 보험가입, 급여 원천징수 등을 위해 관련법령에서 정하는 바에 따라 해당 최종합격자의 주민등록번호를 수집할 수 있습니다.

출처: 안전행정부 개인정보보호과(2014), 주민등록번호 수집 금지 제도 가이드라인

Q 15 도서관 내 직원들의 주민번호를 수집할 수 있습니까?

A 「개인정보 보호법」 제24조의2(주민등록번호 처리의 제한)제1항제1호에 따라 법령에서 구체적으로 주민등록번호의 처리를 요구한 경우, 개인정보 처리자는 주민등록번호를 수집하여 이용할 수 있습니다.

도서관이 직원들의 주민등록번호를 수집하는 것은 「근로기준법 시행령」 제59조의2(민감정보 및 고유식별정보의 처리)에 속하는 행위로 볼 수 있으므로 주민등록번호를 수집할 수 있습니다.

• 「근로기준법 시행령」 제59조의2

민감정보 및 고유식별정보의 처리

고용노동부장관(제59조에 따라 고용노동부장관의 권한을 위임받은 자를 포함한다) 또는 노동위원회는 다음 각 호의 사무를 수행하기 위하여 불가피한 경우 「개인정보 보호법」 제23조에 따른 건강에 관한 정보(제7호의 사무만 해당한다)와 같은 법 시행령 제19조제1호 또는 제4호에 따른 주민등록번호 또는 외국인등록번호가 포함된 자료를 처리할 수 있다. <개정 2012.6.21>

Q 16 이용자의 동의를 받아 고유식별정보를 처리할 때에는 어떠한 조치를 취해야 합니까?

A 「개인정보 보호법」 제15조제2항에 따라 고유식별정보의 처리를 위하여 정보주체의 동의를 받고자 할 때는 다음과 같은 사항을 정보주체에게 알려야 합니다. 또한 어느 하나의 사항을 변경하는 경우에도 이를 알리고 동의를 받아야 합니다.

• 「개인정보 보호법」 제15조

개인정보의 수집·이용

② 개인정보 처리자는 제1항제1호에 따른 동의를 받을 때에는 다음 각 호의 사항을 정보주체에게 알려야 한다. 다음 각 호의 어느 하나의 사항을 변경하는 경우에도 이를 알리고 동의를 받아야 한다.

1. 개인정보의 수집·이용 목적
2. 수집하려는 개인정보의 항목
3. 개인정보의 보유 및 이용 기간
4. 동의를 거부할 권리가 있다는 사실 및 동의 거부에 따른 불이익이 있는 경우에는 그 불이익의 내용

또한 「개인정보 보호법」 제24조에 따라 동의를 받을 때에는, 다른 개인정보와 고유식별정보를 구분하여 이용자가 동의할 수 있도록 해야 합니다.

• 「개인정보 보호법」 제24조

고유식별정보의 처리 제한

① 개인정보 처리자는 다음 각 호의 경우를 제외하고는 법령에 따라 개인을 고유하게 구별하기 위하여 부여된 식별정보로서 대통령령으로 정하는 정보(이하 "고유식별정보"라 한다)를 처리할 수 없다.

1. 정보주체에게 제15조제2항 각 호 또는 제17조제2항 각 호의 사항을 알리고 다른 개인정보의 처리에 대한 동의와 별도로 동의를 받은 경우
2. 법령에서 구체적으로 고유식별정보의 처리를 요구하거나 허용하는 경우

Q 17 도서관 내 시간강사의 재직, 경력 등 각종 증명서에 주민등록번호를 표기해도 됩니까?

A 증명서의 양식은 「교육공무원 인사기록 및 인사사무 처리 규칙」 제23조에 정의되어 있으며 재직증명서나 경력증명서 등의 양식을 보면 주민등록번호 대신 생년월일을 표기하도록 정의하고 있습니다.

따라서 내부의 양식에 주민등록번호를 표기하도록 하고 있다면 재직증명서나 경력증명서 등의 양식을 수정하여 주민등록번호가 표기되지 않도록 조치하여야 합니다.

Chapter 03 개인정보의 수집 동의

Q 18 만 14세 미만의 이용자가 회원가입을 할 경우, 개인정보 수집 동의는 누구에게 받아야 합니까?

A 해당 아동의 법정대리인의 동의를 받아야 합니다.

「개인정보 보호법」 제22조제5항에 따라 개인정보 처리자는 만 14세 미만 아동의 개인정보 처리를 위해 동의를 받아야 할 경우 해당 아동의 법정대리인의 동의를 받아야 합니다. 이 경우 법정대리인의 동의를 받기 위하여 필요한 최소한의 정보는 해당 아동으로부터 직접 수집할 수 있습니다.

「민법」 제114조(대리행위의 효력)제1항에 따라, 대리인이 그 권한 내에서 본인을 위한 것임을 표시한 의사표시는 직접 본인에 대하여 효력이 생기므로 아동이 법정대리인의 동의의사를 밝히는 동의서 등을 지참하여야 회원가입이 가능합니다.

Q 19 의사능력이 부족한 지체장애인의 개인정보 수집은 어떻게 해야 합니까?

A 지체장애인 등은 스스로 의사표현을 할 수 있는 능력이 부족하다고 볼 수 있으므로 「민법」 제112조(제한능력자에 대한 의사표시의 효력)에 따라 법정대리인의 동의를 받아 해당 이용자의 개인정보를 수집해

야 합니다.

「개인정보 보호법」 제15조에 따라 정보주체 또는 그 법정대리인이 의사표시를 할 수 없는 상태에 있거나 주소불명 등으로 사전동의를 받을 수 없는 경우로서 명백히 정보주체 또는 제3자의 급박한 생명, 신체, 재산의 이익을 위하여 필요하다고 인정되는 경우에는 개인정보를 수집할 수 있으며, 그 수집목적의 범위에서 이용할 수 있다고 제시하고 있습니다.

Q 20 수신 여부를 선택하도록 하는 설문 메시지가 개인정보 수집에 대한 사전동의 행위가 될 수 있습니까?

A 동의가 필요한 내용 없이 단순히 수신 여부를 선택하게 한 설문 메시지는 개인정보 수집의 사전동의로 볼 수 없습니다.

「개인정보 보호법」 제22조(동의를 받는 방법)에 따라, 개인정보의 처리에 대하여 정보주체의 동의를 받을 때에는 각각의 동의사항을 구분하여 정보주체가 이를 명확하게 인지할 수 있도록 알리고 각각 동의를 받아야 한다고 제시하고 있습니다.

그러므로 사전동의가 필요한 내용을 전달하지 않은 채 단순하게 수신 여부를 선택하도록 하는 설문 메시지에 대한 답변의 경우, 개인정보 처리자가 각각의 동의사항을 구분하여 이를 명확하게 알리지 않았고 각각에 대한 동의를 받지 않았으므로 사전동의로 볼 수 없습니다.

Q 21 홈페이지나 서면으로 동의가 불가능할 경우, 전화를 통해 동의를 받으려고 하는데 그 결과를 어떻게 관리하면 됩니까?

A 자관의 개인정보 수집지침에 따라 관리할 수 있으며, 개인정보 수집에 있어서는 「개인정보 보호법 시행령」 제17조에 따라 동의를 받을 수 있습니다.

• 「개인정보 보호법 시행령」 제17조

1. 동의 내용이 적힌 서면을 정보주체에게 직접 발급하거나 우편 또는 팩스 등의 방법으로 전달하고, 정보주체가 서명하거나 날인한 동의서를 받는 방법
2. 전화를 통하여 동의 내용을 정보주체에게 알리고 동의의 의사표시를 확인하는 방법
3. 전화를 통하여 동의 내용을 정보주체에게 알리고 정보주체에게 인터넷 주소 등을 통하여 동의 사항을 확인하도록 한 후 다시 전화를 통하여 그 동의 사항에 대한 동의의 의사표시를 확인하는 방법
4. 인터넷 홈페이지 등에 동의 내용을 게재하고 정보주체가 동의 여부를 표시하도록 하는 방법
5. 동의 내용이 적힌 전자우편을 발송하여 정보주체로부터 동의의 의사표시가 적힌 전자우편을 받는 방법
6. 그 밖에 제1호부터 제5호까지의 규정에 따른 방법에 준하는 방법으로 동의 내용을 알리고 동의의 의사표시를 확인하는 방법

전화를 통해 동의를 받는 경우는 위의 제2호와 제3호의 방법에 따라 진행할 수 있으며, 증거 등의 목적을 위한 녹취는 입증의 문제이며 반드시 동의사항이 녹취되어야 하는 것은 아닙니다.

Q 22 도서관신문에 실리는 홍보기사에 아동명이나 주소, 번호 등을 기재할 때 동의를 받아야 합니까?

A 「개인정보 보호법」 제22조에 따라 동의를 받아야 합니다.

만 14세 미만 아동의 개인정보를 처리하기 위하여 이 법에 따른 동의를 받아야 할 때에는 그 법정대리인의 동의를 받아야 합니다.

이 경우 법정대리인의 동의를 받기 위하여 필요한 최소한의 정보는 법정대리인의 동의 없이 해당 아동으로부터 직접 수집할 수 있습니다.

Q 23 「개인정보 보호법」 발효 이전에 취득한 개인정보를 사용할 경우 본인의 동의를 거치는 절차가 필요합니까?

A 본인의 동의를 거치는 절차가 필요하지 않습니다.

「개인정보 보호법」 부칙 제4조에서 본 법 시행 전에 다른 법령에 따라 적법하게 처리된 개인정보는 시행된 「개인정보 보호법」에 따라 처리된 것으로 본다고 제시하고 있습니다.

Q 24 도서관 홈페이지 회원가입 후 2년마다 정보주체 또는 보호자의 재동의를 받아야 하는 경우, 재동의 시점과 방법은 어떻게 됩니까?

A 개인정보를 개별적으로 다루어야 하기 때문에 각 이용자의 가입일을 기준으로 2년마다 재동의를 받아 보유해야 하며, 다음과 같이 동의를 받을 수 있습니다.

「표준 개인정보 보호지침」 제64조에 따라 개인정보파일 보유기간이 산정되는데 특별한 경우를 제외하고는 2년을 주기로 정보주체의 재동의 절차를 거쳐 동의한 경우에만 계속적으로 보유할 수 있습니다.

• 「표준 개인정보 보호지침」 제64조

① 보유기간은 전체 개인정보가 아닌 개별 개인정보의 수집부터 삭제까지의 생애주기로서 보유목적에 부합된 최소기간으로 산정하되, 개별 법령의 규정에 명시된 자료의 보존기간에 따라 산정해야 한다.

② 개별 법령에 구체적인 보유기간이 명시되어 있지 않은 경우에는 개인정보 보호책임자의 협의를 거쳐 기관장의 결재를 통하여 산정해야 한다. 다만, 보유기간은 별표 1의 개인정보파일 보유기간 책정 기준표에서 제시한 기준과 「공공기록물 관리에 관한 법률 시행령」에 따른 기록관리기준표를 상회할 수 없다.

③ 정책고객, 홈페이지회원 등의 홍보 및 대국민서비스 목적의 외부고객 명부는 특별한 경우를 제외하고는 2년을 주기로 정보주체의 재동의 절차를 거쳐 동의한 경우에만 계속적으로 보유할 수 있다.

수집방법으로 「개인정보 보호법 시행령」 제17조의 방법 중 가장 적합한 방법을 선택하여 동의를 받으면 됩니다.

- 「개인정보 보호법 시행령」 제17조

1. 동의 내용이 적힌 서면을 정보주체에게 직접 발급하거나 우편 또는 팩스 등의 방법으로 전달하고, 정보주체가 서명하거나 날인한 동의서를 받는 방법
2. 전화를 통하여 동의 내용을 정보주체에게 알리고 동의의 의사표시를 확인하는 방법
3. 전화를 통하여 동의 내용을 정보주체에게 알리고 정보주체에게 인터넷주소 등을 통하여 동의 사항을 확인하도록 한 후 다시 전화를 통하여 그 동의 사항에 대한 동의의 의사표시를 확인하는 방법
4. 인터넷 홈페이지 등에 동의 내용을 게재하고 정보주체가 동의 여부를 표시하도록 하는 방법
5. 동의 내용이 적힌 전자우편을 발송하여 정보주체로부터 동의의 의사표시가 적힌 전자우편을 받는 방법
6. 그 밖에 제1호부터 제5호까지의 규정에 따른 방법에 준하는 방법으로 동의 내용을 알리고 동의의 의사표시를 확인하는 방법

Q 25 도서관 홈페이지에 올리는 이용자의 사진이나 동영상은 동의서를 받지만 유튜브에 올리는 동영상은 동의서 없이 정보를 공개하고 있습니다. 이 경우에도 따로 동의서를 받아야 합니까?

A 게시되는 사진·동영상 등도 개인정보에 해당하므로 해당 이용자의 동의가 필요합니다. 「개인정보 보호법」 제22조, 「표준 개인정보 보호지침」 제14조에 따라 이용자 또는 그 법정대리인의 동의를 받아야 합니다. 따라서 유튜브 등 많은 사람들이 이용하는 곳에 사진이나 동영상 등을 게시할 경우에도 이용자 또는 그 법정대리인의 동의가 필요합니다.

• 「개인정보 보호법」 제22조

동의를 받는 방법

① 개인정보 처리자는 이 법에 따른 개인정보의 처리에 대하여 정보주체(제5항에 따른 법정대리인을 포함한다. 이하 이 조에서 같다)의 동의를 받을 때에는 각각의 동의 사항을 구분하여 정보주체가 이를 명확하게 인지할 수 있도록 알리고 각각 동의를 받아야 한다.

② 개인정보 처리자는 제15조제1항제1호, 제17조제1항제1호, 제23조제1호 및 제24조제1항제1호에 따라 개인정보의 처리에 대하여 정보주체의 동의를 받을 때에는 정보주체와의 계약 체결 등을 위하여 정보주체의 동의 없이 처리할 수 있는 개인정보와 정보주체의 동의가 필요한 개인정보를 구분하여야 한다. 이 경우 동의 없이 처리할 수 있는 개인정보라는 입증책임은 개인정보 처리자가 부담한다.

③ 개인정보 처리자는 정보주체에게 재화나 서비스를 홍보하거나 판매를 권유하기 위하여 개인정보의 처리에 대한 동의를 받으려는 때에는 정보주체가 이를 명확하게 인지할 수 있도록 알리고 동의를 받아야 한다.

④ 개인정보 처리자는 정보주체가 제2항에 따라 선택적으로 동의할 수 있는 사항을 동의하지 아니하거나 제3항 및 제18조제2항제1호에 따른 동의를 하지 아니한다는 이유로 정보주체에게 재화 또는 서비스의 제공을 거부하여서는 아니 된다.

⑤ 개인정보 처리자는 만 14세 미만 아동의 개인정보를 처리하기 위하여 이 법에 따른 동의를 받아야 할 때에는 그 법정대리인의 동의를 받아야 한다. 이 경우 법정대리인의 동의를 받기 위하여 필요한 최소한의 정보는 법정대리인의 동의 없이 해당 아동으로부터 직접 수집할 수 있다.

• 「표준 개인정보 보호지침」 제14조

법정대리인의 동의

① 시행령 제17조제2항에 따라 개인정보 처리자가 법정대리인의 성명·연락처를 수집할 때에는 해당 아동에게 자신의 신분과 연락처, 법정대리인의 성명과 연락처를 수집하고자 하는 이유를 알려야 한다.

② 시행령 제17조제1항 각 호의 동의를 얻는 방법은 법 제22조제5항에 따라 법정대리인으로부터 동의를 얻는 경우에도 적용된다.

③ 개인정보 처리자는 법 제22조제5항에 따라 수집한 법정대리인의 개인정보를 법정대리인의 동의를 얻기 위한 목적으로만 이용하여야 하며, 법정대리인의 동의 거부가 있거나 법정대리인의 동의 의사가 확인되지 않는 경우 수집일로부터 5일 이내에 파기해야 한다.

Chapter
04 개인정보의 이용 및 제공

Q 26 도서관 홈페이지에서 ID를 이름으로, 비밀번호를 주민등록번호 앞자리 또는 뒷자리로 일괄 부여하는 것이 「개인정보 보호법」과 관련해 문제가 있습니까?

A 이용자들의 개인정보가 합법적으로 수집·이용되고 있다면 임시 ID를 이름으로, 비밀번호를 주민등록번호 앞자리로 설정하는 것은 문제가 없지만 주민등록번호의 뒷자리를 이용하는 것은 다른 법령에 규정되어 있지 않기 때문에 이용이 불가합니다. 또한 ID를 이름으로 비밀번호를 주민등록번호 앞자리로 이용할 경우 이용자에게 수정의 기회가 주어져야 합니다.

이용자의 이름과 주민등록번호를 합법적으로 수집하고 이용하고 있는 경우, 주민등록번호 앞자리의 생년월일은 주민등록번호의 체계에 따라 생성되는 것이 아니라, 출생신고 시 국민이 공공기관에 신고한 날짜를 토대로 정의되는 숫자열입니다. 따라서 생년월일은 주민등록번호를 이용한 숫자열이라고 보기 어려우며, 이용자의 동의를 받아 수집·이용이 가능합니다.

다만 주민등록번호 뒷자리를 수집·이용하여 이용자의 유일성과 식별성을 확보하는 것은 주민등록번호의 체계를 활용하여 주민등록번호의 고유한 특성을 이용하는 것입니다. 따라서 법령상 주민등록번호를 수집할 수 있는 구체적인 근거가 없다면, 주민등록번호의 뒷자리를 수집·이용할 수 없습니다.

또한 임시적으로 ID를 이름으로, 비밀번호를 주민등록번호 앞자리로 사용할 경우, 이후에 ID와 비밀번호를 수정할 수 있는 기회를 주지 않는 등의 경우는 안전성 확보 조치나 개인정보 보호에 대한 주의의무를 다하지 않은 것으로 판단될 수 있으므로 주의해야 합니다.

출처: 안전행정부 개인정보보호과(2014), 주민등록번호 수집 금지 제도 가이드라인

Q 27 이용자로부터 개인정보 수집 동의를 받은 후 영구보관하여 전 직원이 이용하여도 됩니까?

A 내·외부로부터 수집된 개인정보의 주체로부터 동의를 받아야 하며 영구이용될 수 없지만, 예외사항은 있습니다.

이용자로부터 수집한 개인정보는 수집·이용목적에 맞게 이용하여야 하며, 고지한 보유 및 이용기간이 경과하면 해당 개인정보를 지체 없이 파기하여야 합니다. 보유기간 내 개인정보를 이용할 경우에도 최초 수집목적에 맞게 이용하여야 합니다. 특히 고유식별정보를 처리하기 위해서는 다른 개인정보와 별도로 처리에 관한 동의를 받아야 합니다.

보유기간의 산정은「표준 개인정보 보호지침」제64조(개인정보파일 보유기간의 산정)에서 제시하는 바와 같이 다음 [별표 1]의 표를 참고할 수 있습니다.

보유기간	대상 개인정보파일
영구	1. 국민의 지위, 신분, 재산을 증명하기 위해 운용하는 개인정보파일 중 영구보존이 필요한 개인정보파일 2. 국민의 건강증진과 관련된 업무를 수행하기 위해 운용하는 개인정보파일 중 영구보존이 필요한 개인정보파일
준영구	1. 국민의 신분, 재산을 증명하기 위해 운용하는 개인정보파일 중 개인이 사망, 폐지, 그 밖의 사유로 소멸되기 때문에 영구보존할 필요가 없는 개인정보파일

	2. 국민의 신분증명 및 의무부과, 특정대상 관리 등을 위하여 행정기관이 구축하여 운영하는 행정정보시스템의 데이터 셋으로 구성된 개인정보파일
30년	1. 관계 법령에 따라 10년 이상 30년 미만의 기간 동안 민·형사상 또는 행정상의 책임 또는 시효가 지속되거나, 증명자료로서 가치가 지속되는 개인정보파일
10년	1. 관계 법령에 따라 5년 이상 10년 미만의 기간 동안 민·형사상 또는 행정상의 책임 또는 시효가 지속되거나, 증명자료로서 가치가 지속되는 개인정보파일
5년	1. 관계 법령에 따라 3년 이상 5년 미만의 기간 동안 민·형사상 또는 행정상의 책임 또는 시효가 지속되거나, 증명자료로서 가치가 지속되는 개인정보파일
3년	1. 행정업무의 참고 또는 사실 증명을 위하여 1년 이상 3년 미만의 기간 동안 보존할 필요가 있는 개인정보파일 2. 관계 법령에 따라 1년 이상 3년 미만의 기간 동안 민·형사상 또는 행정상의 책임 또는 시효가 지속되거나, 증명자료로서의 가치가 지속되는 개인정보파일 3. 각종 증명서 발급과 관련된 개인정보파일(단, 다른 법령에서 증명서 발급 관련 보유기간이 별도로 규정된 경우 해당 법령에 따름)
1년	1. 상급기관(부서)의 요구에 따라 단순 보고를 위해 생성한 개인정보파일

Q 28 도서관에서 개인정보를 목적 외의 용도로 이용하는 경우 어떤 절차를 거쳐야 합니까?

A 「개인정보 보호법」 제3조(개인정보 보호원칙)에 따라 목적 외로 사용할 수 없습니다. 다만, 「개인정보 보호법」 제18조제2항에 따라 정보주체 또는 제3자의 이익을 부당하게 침해할 우려가 있을 경우를 제외하고는 개인정보를 목적 외 용도로 이용하거나 제3자에게 제공할 수 있습니다.

• 「개인정보 보호법」 제18조

개인정보의 이용·제공 제한

① 개인정보 처리자는 개인정보를 제15조제1항에 따른 범위를 초과하여 이용하거나 제17조제1항 및 제3항에 따른 범위를 초과하여 제3자에게 제공하

여서는 아니 된다.

② 제1항에도 불구하고 개인정보 처리자는 다음 각 호의 어느 하나에 해당하는 경우에는 정보주체 또는 제3자의 이익을 부당하게 침해할 우려가 있을 때를 제외하고는 개인정보를 목적 외의 용도로 이용하거나 이를 제3자에게 제공할 수 있다. 다만, 제5호부터 제9호까지의 경우는 공공기관의 경우로 한정한다.

1. 정보주체로부터 별도의 동의를 받은 경우
2. 다른 법률에 특별한 규정이 있는 경우
3. 정보주체 또는 그 법정대리인이 의사표시를 할 수 없는 상태에 있거나 주소불명 등으로 사전 동의를 받을 수 없는 경우로서 명백히 정보주체 또는 제3자의 급박한 생명, 신체, 재산의 이익을 위하여 필요하다고 인정되는 경우
4. 통계작성 및 학술연구 등의 목적을 위하여 필요한 경우로서 특정 개인을 알아볼 수 없는 형태로 개인정보를 제공하는 경우
5. 개인정보를 목적 외의 용도로 이용하거나 이를 제3자에게 제공하지 아니하면 다른 법률에서 정하는 소관 업무를 수행할 수 없는 경우로서 보호위원회의 심의·의결을 거친 경우
6. 조약, 그 밖의 국제협정의 이행을 위하여 외국정부 또는 국제기구에 제공하기 위하여 필요한 경우
7. 범죄의 수사와 공소의 제기 및 유지를 위하여 필요한 경우
8. 법원의 재판업무 수행을 위하여 필요한 경우
9. 형(刑) 및 감호, 보호처분의 집행을 위하여 필요한 경우

Q 29 도서관에서 이용자의 개인정보를 이용하여 기관 소식지를 발송하여도 됩니까?

A 「개인정보 보호법」 제18조(개인정보의 목적 외 이용·제공 제한)에 따라 공공기관이 기관 홍보나 소식지 발송 등을 위해서 고객의 이메일 주소를 이용하려면 해당 고객으로부터 별도의 동의를 받아야 합니다.

공공기관이 법령에서 정한 소관업무를 수행하기 위하여 필요한 경우에는 동의 없이 개인정보를 수집하여 이용할 수 있습니다. 이 경우에도 수집한 개인정보는 당초의 수집목적을 위해서 이용하여야 하며,

법률에 다른 규정이 없는 한 수집목적과 다른 목적으로 이용하기 위해서는 정보주체로부터 별도의 동의를 받아야 합니다. 즉, 업무 수행을 위해 수집한 개인정보는 수집한 업무목적의 범위에서만 이용해야 하고, 공공기관이 업무목적이 아닌 소식지 등의 발송목적으로 고객의 이메일 등을 이용하기 위해서는 해당 정보주체로부터 별도의 동의를 받아야 합니다.

출처: 개인정보보호 종합지원 포털, 「개인정보 보호법」 적용사례 상황별 맞춤서비스

Q 30 제3자에게 개인정보를 제공할 때 어떠한 기준으로 판단해야 합니까?

A 국립중앙도서관의 개인정보 외부제공 지침에 따르면 목적의 정당성, 수단의 적정성, 피해의 최소성, 법익의 균형성에 대하여 종합적으로 검토한 후 제3자에게 필요한 최소한의 범위 내에서 제공하여야 합니다.

① 목적의 정당성: 구체적으로 어떠한 목적을 위하여 해당 개인정보가 필요한지

② 수단의 적정성: 개인정보를 제공함으로써 공익목적을 달성할 수 있는 것인지

③ 피해의 최소성: 목적달성을 위하여 필요한 최소한의 정보는 어디까지인지

④ 법익의 균형성: 제공에 따른 이익과 정보주체가 받을 수 있는 예상피해를 비교하여 예상피해보다 이익이 우월하다고 할 수 있는지

출처: 국립중앙도서관(2014), 국립중앙도서관 개인정보 외부제공 지침

Q 31 정보주체의 동의를 받아 개인정보를 제공하는 경우 자료제공 여부 및 범위를 어떻게 판단해야 합니까? 또 주의해야 할 사항이 있습니까?

A 자료제공의 여부 및 범위는 「개인정보 보호법」과 제3자의 이용목적

에 따라 판단해야 합니다. 개인정보 처리자는 정보주체 또는 제3자의 이익을 부당하게 침해할 우려가 있을 때를 제외하고는 개인정보를 목적 외의 용도로 이용하거나 이를 제3자에게 제공할 수 있습니다.

다만, 반드시 정보주체의 동의를 받아야 하므로 배우자 등 가족의 개인정보까지 요청하는 경우 가족 개개인의 동의 여부 확인이 필요합니다.

제3자 제공에 대한 동의를 받아야 하는 시점에 특별한 제한은 없으나 최초로 수집할 당시 제3자 제공에 대한 동의를 받는 경우에는 수집·이용에 대한 동의를 별도로 구분하여 동의를 받아야 합니다.

요청기관이 정보주체의 동의를 받은 경우 요청기관으로부터 동의서를 전수·제출받은 후 동의서에 「개인정보 보호법」 제18조제3항에 따른 필수 고지사항 기재 여부를 반드시 확인하여 정보주체에게 제공받는 사람, 이용목적, 이용기간 등의 필수 고지사항을 알려주고 동의서에 기재된 자료제공 항목범위 내에서 제공해야 합니다.

한편, 고지할 사항이 누락된 경우 정보제공이 불가합니다. 다만, 요청기관이 동의서에 필수 고지사항을 보완하여 제출한 경우에는 제공 가능합니다.

• 「개인정보 보호법」 제18조제3항

③ 개인정보 처리자는 제2항제1호에 따른 동의를 받을 때에는 다음 각 호의 사항을 정보주체에게 알려야 한다. 다음 각 호의 어느 하나의 사항을 변경하는 경우에도 이를 알리고 동의를 받아야 한다.

1. 개인정보를 제공받는 자
2. 개인정보의 이용 목적(제공 시에는 제공받는 자의 이용 목적을 말한다)
3. 이용 또는 제공하는 개인정보의 항목
4. 개인정보의 보유 및 이용 기간(제공 시에는 제공받는 자의 보유 및 이용 기간을 말한다)
5. 동의를 거부할 권리가 있다는 사실 및 동의 거부에 따른 불이익이 있는 경우에는 그 불이익의 내용

출처: 국립중앙도서관(2014), 국립중앙도서관 개인정보 외부제공 지침

Q 32 자료를 외부기관에 제공할 경우 어떤 방법으로 제공하면 됩니까?

A 자료를 외부기관에 제공할 경우 다음과 같은 방법으로 제공해야 합니다.

① 기본원칙

- 전자결재문서에 의해 제공함을 원칙으로 하되, 부득이한 경우 보조기억매체(USB, CD, 디스켓 등) 및 모사전송, 우편, 이메일로 제공가능합니다. 우편을 이용하는 경우 배달증명으로 발송하여야 하며, 이메일에 의한 자료제공 시 업무용 컴퓨터에서 사용하는 문서작성도구(한글, 엑셀 등)의 자체 암호화 기능 등을 통해 개인정보파일을 암호화하여 제공해야 합니다.
- 자료제공 시 반드시 내부결재를 받은 후 제공하여야 합니다.

※ 요청기관에 별도 파일로 직접 제공하는 경우 자료인수증([별지 2]의 서식) 징수

② 전자통신망을 이용해 전자결재문서를 제공하는 경우

문서 본문에 개인정보 및 비밀번호를 표기하여 제공하는 것은 불가합니다. 개인정보를 엑셀 등 첨부파일 형태로 제공하되, 반드시 암호조치하여 송부하고 암호는 유선 등의 방법으로 별도 통보하여야 합니다.

③ 문서출력물을 직접 전달하는 경우

자료제공 시 요청기관의 담당자 또는 상급자에게 직접 전달(수령자 인적사항 등을 반드시 확인하여 기록·관리)하여야 합니다.

④ 보조기억매체(USB, CD, 디스켓 등)를 이용하여 제공하는 경우

- 제공되는 개인정보자료는 반드시 암호조치하여야 합니다.
- 자관 직원이 직접 출장하여 제공하는 경우에는 요청기관의 담당자 또는 상급자에게 직접 전달하고 수령자 인적사항 등을 반드시 확인하여 기록을 작성하고 관리하여야 합니다. 자료전달 완료 후 반출된 보조기억매체에 저장된 자료는 즉시 삭제하여야 합니다.
- 요청기관 직원이 자관에 방문하여 제공하는 경우, 제공되는 개인

정보자료는 암호조치를 취하여 제공하여야 하며 반출된 보조기억매체는 요청기관의 제공자료 확인 조치 후 즉시 회수하여 저장된 개인정보를 삭제 처리해야 합니다.

기타의 방법에 의해 자료제공이 필요한 경우는 안전성 조치 등에 대해 정보시스템운영과와 협의를 거쳐 제공해야 합니다.

출처: 국립중앙도서관(2014), 국립중앙도서관 개인정보 외부제공 지침

Q 33 수집한 개인정보를 수집목적범위 내에서 제3자에게 제공할 수 있는 경우는 언제입니까?

A 요청기관의 개별법에 자료요청의 근거조항이 구체적으로 명시된 경우에 제공이 가능합니다.

요청기관의 개별법에 자료요청 근거법이 없는 경우 예외적으로 제공가능한 사항에 해당하는지 확인한 후 제공이 가능합니다. 제공될 정보의 정보주체로부터 동의를 받은 경우, 수집목적의 범위 내에서 제3자가 이용할 경우 등이 포함될 수 있습니다.

「개인정보 보호법」 제17조(개인정보의 수집 제한)에서는 개인정보를 제3자에게 제공(공유)할 수 있는 경우를 다음과 같이 제시하고 있습니다.

• 「개인정보 보호법」 제17조

개인정보의 수집 제한

① 개인정보 처리자는 다음 각 호의 어느 하나에 해당되는 경우에는 정보주체의 개인정보를 제3자에게 제공(공유를 포함한다. 이하 같다)할 수 있다.
  1. 정보주체의 동의를 받은 경우
  2. 제15조제1항제2호・제3호 및 제5호에 따라 개인정보를 수집한 목적 범위에서 개인정보를 제공하는 경우

② 개인정보 처리자는 제1항제1호에 따른 동의를 받을 때에는 다음 각 호의 사항을 정보주체에게 알려야 한다. 다음 각 호의 어느 하나의 사항을 변경

하는 경우에도 이를 알리고 동의를 받아야 한다.
1. 개인정보를 제공받는 자
2. 개인정보를 제공받는 자의 개인정보 이용 목적
3. 제공하는 개인정보의 항목
4. 개인정보를 제공받는 자의 개인정보 보유 및 이용 기간
5. 동의를 거부할 권리가 있다는 사실 및 동의 거부에 따른 불이익이 있는 경우에는 그 불이익의 내용

③ 개인정보 처리자가 개인정보를 국외의 제3자에게 제공할 때에는 제2항 각 호에 따른 사항을 정보주체에게 알리고 동의를 받아야 하며, 이 법을 위반하는 내용으로 개인정보의 국외 이전에 관한 계약을 체결하여서는 아니 된다.

출처: 국립중앙도서관(2014), 국립중앙도서관 개인정보 외부제공 지침

Q 34 외부기관에서 개인정보 관련자료를 요청한 경우 제공자료의 범위를 어떻게 판단합니까?

A 「개인정보 보호법」에 따라 자관이 수집한 정보 여부를 확인하고, 직접 수집·생산한 정보에 한하여 제공할 수 있으며, 다른 기관으로부터 제공받아 활용하는 정보는 제공이 불가합니다. 다만, 정보주체로부터 별도의 동의를 받았거나 다른 법률에 특별한 규정이 있는 경우에는 제공이 가능합니다.

제공자료의 범위는 개인정보 최소제공의 원칙에 따라 요청의 목적에 부합하는 최소항목만 제공할 수 있습니다. 자료제공 요청항목이 요청목적과 부합하지 않거나 과도하다고 판단되는 경우 해당 항목은 제외하여 제공해야 합니다.

다른 기관으로부터 위탁받은 업무인 경우 위탁받은 업무범위를 초과한 자료제공은 불가합니다.

출처: 국립중앙도서관(2014), 국립중앙도서관 개인정보 외부제공 지침

Q 35 범죄의 수사와 공소의 제기 및 유지, 법원의 재판업무 수행을 위해 개인정보 관련자료를 요청받았을 경우, 자료의 제공 여부와 범위는 어떻게 판단하여야 합니까?

A 「개인정보 보호법」 제18조제2항제2호의 '다른 법률에 특별한 규정이 있는 경우'의 자료제공기준에 준하여 판단한 후 제공하시면 됩니다.

수사 등의 목적으로 개인정보제공을 요청받은 경우에 무조건 제공해야 하는 것은 아니므로 영장, 사건번호, 접수번호 등을 확인한 후 자료제공 여부를 판단해야 합니다.

범죄의 형태와 경중, 정보주체가 받을 불이익의 정도 등 제반 사정을 종합적으로 고려하여 개인정보 이용이 없이는 수사목적을 달성할 수 없는 경우에 제한적으로 제공가능하고, 영장의 제시가 있을 경우 구속력에 따라 요청기관과 협의하여 자료 제공범위 등을 결정하시면 됩니다.

하지만 불특정다수의 개인정보를 제공할 경우 정보주체, 또는 제3자의 권익(인권)이 부당하게 침해될 소지가 있으므로 자료요청자와 협의하여 최소한의 범위로 자료를 제공해야 합니다.

법원의 재판업무 수행을 위하여 필요한 경우에는 법원의 문서제출명령서, 사실조회, 문서송부촉탁 등에 의해 정보주체의 동의 없이 목적 외로 제공이 가능합니다.

출처: 국립중앙도서관(2014), 국립중앙도서관 개인정보 외부제공 지침

Q 36 도서관에서 보유하고 있는 개인정보를 국가기관(국회, 법원 등)이나 다른 공공기관에서 수집목적범위 외의 제공을 요청하는 경우, 요구에 응해도 됩니까?

A 정보주체 또는 제3자의 이익을 부당하게 침해할 우려가 있는 경우를 제외한 「개인정보 보호법」 제18조제2항 각 호의 어느 하나에 해당

하는 경우에는 개인정보를 수집목적범위 외의 용도로 이용하거나 이를 제3자에게 제공할 수 있다고 제시하고 있습니다.

다만, 제5호부터 제9호까지의 경우는 공공기관의 경우로 한정됩니다.

• 「개인정보 보호법」 제18조제2항

1. 정보주체로부터 별도의 동의를 받은 경우
2. 다른 법률에 특별한 규정이 있는 경우
3. 정보주체 또는 그 법정대리인이 의사표시를 할 수 없는 상태에 있거나 주소불명 등으로 사전 동의를 받을 수 없는 경우로서 명백히 정보주체 또는 제3자의 급박한 생명, 신체, 재산의 이익을 위하여 필요하다고 인정되는 경우
4. 통계작성 및 학술연구 등의 목적을 위하여 필요한 경우로서 특정 개인을 알아볼 수 없는 형태로 개인정보를 제공하는 경우
5. 개인정보를 목적 외의 용도로 이용하거나 이를 제3자에게 제공하지 아니하면 다른 법률에서 정하는 소관 업무를 수행할 수 없는 경우로서 보호위원회의 심의·의결을 거친 경우
6. 조약, 그 밖의 국제협정의 이행을 위하여 외국정부 또는 국제기구에 제공하기 위하여 필요한 경우
7. 범죄의 수사와 공소의 제기 및 유지를 위하여 필요한 경우
8. 법원의 재판업무 수행을 위하여 필요한 경우
9. 형(刑) 및 감호, 보호처분의 집행을 위하여 필요한 경우

위의 사항에 따라 개인정보가 제공된 경우, 「개인정보 보호법 시행령」 제15조의 사항에 따라 '개인정보의 목적 외 이용 및 제3자 제공 대장'에 다음 사항을 기록하고 관리하여야 합니다.

• 「개인정보 보호법 시행령」 제15조

1. 이용하거나 제공하는 개인정보 또는 개인정보파일의 명칭
2. 이용기관 또는 제공받는 기관의 명칭
3. 이용 목적 또는 제공받는 목적
4. 이용 또는 제공의 법적 근거
5. 이용하거나 제공하는 개인정보의 항목
6. 이용 또는 제공의 날짜, 주기 또는 기간
7. 이용하거나 제공하는 형태

8. 법 제18조제5항에 따라 제한을 하거나 필요한 조치를 마련할 것을 요청한 경우에는 그 내용

Q 37 공공기관에서 긴급한 업무로 정식 절차 없이 유선상 개인정보 확인 요청이 있을 시 정보제공이 가능합니까?

A 유선전화 등 공공기관 여부를 확인할 수 없는 경우에는 공문으로 요구를 받아 처리할 것을 권장합니다. 정보의 제공은 「개인정보 보호법」 제17조와 제18조에 따라 개인정보의 목적 외 제3자 제공 허용 사유에 해당하는 경우에는 허용됩니다.

「개인정보 보호법」 제17조(개인정보의 제공)에서는 개인정보의 제3자 제공을 허용하는 경우, 제18조(개인정보의 이용·제공 제한)에서는 목적 외 용도의 경우를 다음과 같이 제시하고 있으며 기관의 개인정보 관리자는 이를 준수해야 합니다. 「개인정보 보호법」 제18조에서 한정한 공공기관의 경우는 다음과 같습니다.

• 「개인정보 보호법」 제18조

개인정보의 이용·제공 제한

① 개인정보 처리자는 개인정보를 제15조제1항에 따른 범위를 초과하여 이용하거나 제17조제1항 및 제3항에 따른 범위를 초과하여 제3자에게 제공하여서는 아니 된다.

② 제1항에도 불구하고 개인정보 처리자는 다음 각 호의 어느 하나에 해당하는 경우에는 정보주체 또는 제3자의 이익을 부당하게 침해할 우려가 있을 때를 제외하고는 개인정보를 목적 외의 용도로 이용하거나 이를 제3자에게 제공할 수 있다. 다만, 제5호부터 제9호까지의 경우는 공공기관의 경우로 한정한다.

1. 정보주체로부터 별도의 동의를 받은 경우
2. 다른 법률에 특별한 규정이 있는 경우
3. 정보주체 또는 그 법정대리인이 의사표시를 할 수 없는 상태에 있거나 주소불명 등으로 사전 동의를 받을 수 없는 경우로서 명백히 정보주체 또는 제3자의 급박한 생명, 신체, 재산의 이익을 위하여 필요하다고 인

정되는 경우
4. 통계작성 및 학술연구 등의 목적을 위하여 필요한 경우로서 특정 개인을 알아볼 수 없는 형태로 개인정보를 제공하는 경우
5. 개인정보를 목적 외의 용도로 이용하거나 이를 제3자에게 제공하지 아니하면 다른 법률에서 정하는 소관 업무를 수행할 수 없는 경우로서 보호위원회의 심의·의결을 거친 경우
6. 조약, 그 밖의 국제협정의 이행을 위하여 외국정부 또는 국제기구에 제공하기 위하여 필요한 경우
7. 범죄의 수사와 공소의 제기 및 유지를 위하여 필요한 경우
8. 법원의 재판업무 수행을 위하여 필요한 경우
9. 형(刑) 및 감호, 보호처분의 집행을 위하여 필요한 경우

Q 38 개별법에 특별한 규정이 있는 기관에서 개인정보와 관련한 자료를 요청받았을 경우 제공 여부와 범위는 어떻게 판단하여야 합니까?

A 「개인정보 보호법」 제18조제2항제2호에 따라 다른 법률에 특별한 규정이 있는 경우에 자료제공 근거범위의 유무 확인 및 요청목적의 적정 여부 확인 후 정보주체 또는 제3자의 이익을 부당하게 침해할 우려가 있을 때를 제외하고는 개인정보의 목적 외 이용 및 제3자에게 제공이 가능합니다.

개별법에 "법령상 의무이행"과 같이 포괄적으로 규정되어 있거나, 시행령·시행규칙에만 규정이 있는 경우에는 제공이 불가합니다. 하지만 법률에 위임 근거가 있고, 이에 대한 시행령 및 시행규칙에 관련된 규정이 있는 경우에는 개인정보의 제공이 가능합니다.

또한 다른 법률의 특별한 규정에 해당된다는 내용을 담은 행정자치부 질의회신문서(정보주체의 동의 없이도 공개할 수 있는지 등에 대한 「개인정보 보호법」 소관부처인 행정자치부의 회신문서)를 첨부하는 경우에는 개인정보의 요청 및 이용목적 등을 확인한 후 제공할 수 있습니다.

※ 개별 법령에 이용목적이 한정되어 있거나 제공항목을 열거하고 있

는 경우에는 해당 목적 및 항목에 한하여 제공가능합니다.

출처: 국립중앙도서관(2014), 국립중앙도서관 개인정보 외부제공 지침

Q 39 수집한 개인정보를 목적 외 제3자에게 제공할 경우, 어떤 조치를 취해야 합니까?

A 「개인정보 보호법」 제17조에 따라 제3자에게 개인정보를 제공하기 위하여 정보주체로부터 별도의 동의를 받을 때에는 다음의 사항을 알려야 합니다.

• 「개인정보 보호법」 제17조

개인정보의 제공

② 개인정보 처리자는 제1항제1호에 따른 동의를 받을 때에는 다음 각 호의 사항을 정보주체에게 알려야 한다. 다음 각 호의 어느 하나의 사항을 변경하는 경우에도 이를 알리고 동의를 받아야 한다.

1. 개인정보를 제공받는 자
2. 개인정보를 제공받는 자의 개인정보 이용 목적
3. 제공하는 개인정보의 항목
4. 개인정보를 제공받는 자의 개인정보 보유 및 이용 기간
5. 동의를 거부할 권리가 있다는 사실 및 동의 거부에 따른 불이익이 있는 경우에는 그 불이익의 내용

개인정보를 목적 외의 용도로 제3자에게 제공하는 경우에 개인정보 처리자는 개인정보의 안전성을 확보하기 위하여 개인정보를 제공받은 자에게 필요한 조치를 마련하도록 요청하여야 합니다.

이러한 안전성 확보를 위한 조치를 요청받은 부서는 개인정보의 안전성 확보를 위하여 필요한 조치를 하여야 하고, 개인정보를 제공하는 부서와 개인정보를 제공받는 부서는 개인정보의 안전성에 관한 책임관계를 명확히 하여야 합니다.

Q 40 외부에 개인정보를 제공하기 위해 개인정보 보호심사위원회의 심의가 필요한 경우 심의 대상과 처리 절차는 어떻게 됩니까?

A 심의의 대상에 해당되는 경우는 다음과 같습니다.

① 개인정보 처리부서에서 관련 근거법 등을 고려하여 자료제공 여부를 판단하되 이에 대한 판단이 곤란하여 개인정보제공 심의를 요청한 사항

② 대량(1만 건 이상)의 개인정보제공에 관한 사항

※ 단, 관련법에 의해 자료제공 근거가 명확하여 보유부서의 자체 판단이 가능한 사항은 제외

개인정보 처리부서의 장(개인정보 분야별 책임자)이 개인정보 보호담당자와 사전협의 후 심의안건문서로 상정안건을 제출하면 됩니다([별지 1] 참조).

[별지 1]

심의안건 부의서

(제4조제1항 관련)

안건명	

소속부서	
제출일	
제출자	

(본문)

안건명	

1. 안건요지

2. 검토내역

3. 소관부서 의견

※ 소관부서는 상정안건에 대한 업무 관련부서를 말한다.

4. 기타 사항

출처: 국립중앙도서관(2014), 국립중앙도서관 개인정보 외부제공 지침

Chapter 05

영상정보처리기기

Q 41 도서관에서 안전관리 및 사고예방의 목적으로 CCTV를 설치 · 운영할 수 있습니까?

A 도서관 내의 안전관리 · 사고예방은 「개인정보 보호법」 제25조에 해당하므로 다음 각 호의 경우를 제외하고는 도서관 내의 공개된 장소에 CCTV를 설치 · 운영할 수 있습니다.

• 「개인정보 보호법」 제25조

영상정보처리기기의 설치 · 운영 제한

① 누구든지 다음 각 호의 경우를 제외하고는 공개된 장소에 영상정보처리기기를 설치 · 운영하여서는 아니 된다.

1. 법령에서 구체적으로 허용하고 있는 경우
2. 범죄의 예방 및 수사를 위하여 필요한 경우
3. 시설안전 및 화재예방을 위하여 필요한 경우
4. 교통단속을 위하여 필요한 경우
5. 교통정보의 수집 · 분석 및 제공을 위하여 필요한 경우

도서관에서 안전관리 및 사고예방목적의 경우 위 조항 중 제2호와 제3호에 해당하므로 영상정보처리기기의 설치 또는 운영이 가능합니다.

이러한 영상정보처리기기 운영 시 '영상정보처리기기 운영 · 관리방침'을 마련해야 하며, 그 기준은 다음과 같이 제시되고 있습니다.

• 「개인정보 보호법 시행령」 제25조

영상정보처리기기 운영・관리방침

① 영상정보처리기기운영자는 법 제25조제7항에 따라 다음 각 호의 사항이 포함된 영상정보처리기기 운영・관리 방침을 마련하여야 한다.

1. 영상정보처리기기의 설치 근거 및 설치 목적
2. 영상정보처리기기의 설치 대수, 설치 위치 및 촬영 범위
3. 관리책임자, 담당 부서 및 영상정보에 대한 접근 권한이 있는 사람
4. 영상정보의 촬영시간, 보관기간, 보관장소 및 처리방법
5. 영상정보처리기기운영자의 영상정보 확인 방법 및 장소
6. 정보주체의 영상정보 열람 등 요구에 대한 조치
7. 영상정보 보호를 위한 기술적・관리적 및 물리적 조치
8. 그 밖에 영상정보처리기기의 설치・운영 및 관리에 필요한 사항

② 제1항에 따라 마련한 영상정보처리기기 운영・관리 방침의 공개에 관하여는 제31조제2항 및 제3항을 준용한다. 이 경우 "개인정보 처리자"는 "영상정보처리기기운영자"로, "법 제30조제2항"은 "법 제25조제7항"으로, "개인정보처리방침"은 "영상정보처리기기 관리・운영 방침"으로 본다.

Q 42 공공도서관에서 CCTV의 음성 녹음기능을 사용해도 됩니까?

A 영상정보처리기기운영자는 「개인정보 보호법」 제25조에 따라 녹음 기능은 사용할 수 없습니다.

• 「개인정보 보호법」 제25조

영상정보처리기기의 설치・운영 제한

① 누구든지 다음 각 호의 경우를 제외하고는 공개된 장소에 영상정보처리기기를 설치・운영하여서는 아니 된다.

② 누구든지 불특정 다수가 이용하는 목욕실, 화장실, 발한실(發汗室), 탈의실 등 개인의 사생활을 현저히 침해할 우려가 있는 장소의 내부를 볼 수 있도록 영상정보처리기기를 설치・운영하여서는 아니 된다. 다만, 교도소, 정신보건 시설 등 법령에 근거하여 사람을 구금하거나 보호하는 시설로서 대통령령으로 정하는 시설에 대하여는 그러하지 아니하다.

③ 제1항 각 호에 따라 영상정보처리기기를 설치・운영하려는 공공기관의 장과 제2항 단서에 따라 영상정보처리기기를 설치・운영하려는 자는 공청

회 · 설명회의 개최 등 대통령령으로 정하는 절차를 거쳐 관계 전문가 및 이해관계인의 의견을 수렴하여야 한다.

④ 제1항 각 호에 따라 영상정보처리기기를 설치 · 운영하는 자(이하 "영상정보처리기기운영자"라 한다)는 정보주체가 쉽게 인식할 수 있도록 대통령령으로 정하는 바에 따라 안내판 설치 등 필요한 조치를 하여야 한다. 다만, 대통령령으로 정하는 시설에 대하여는 그러하지 아니하다.

⑤ 영상정보처리기기운영자는 영상정보처리기기의 설치 목적과 다른 목적으로 영상정보처리기기를 임의로 조작하거나 다른 곳을 비춰서는 아니 되며, 녹음기능은 사용할 수 없다.

⑥ 영상정보처리기기운영자는 개인정보가 분실 · 도난 · 유출 · 변조 또는 훼손되지 아니하도록 제29조에 따라 안전성 확보에 필요한 조치를 하여야 한다.

⑦ 영상정보처리기기운영자는 대통령령으로 정하는 바에 따라 영상정보처리기기 운영 · 관리 방침을 마련하여야 한다. 이 경우 제30조에 따른 개인정보 처리방침을 정하지 아니할 수 있다.

⑧ 영상정보처리기기운영자는 영상정보처리기기의 설치 · 운영에 관한 사무를 위탁할 수 있다. 다만, 공공기관이 영상정보처리기기 설치 · 운영에 관한 사무를 위탁하는 경우에는 대통령령으로 정하는 절차 및 요건에 따라야 한다.

Q 43 설치 · 운영 중인 CCTV는 어떻게 점검하면 됩니까?

A 영상정보처리기기를 설치 · 운영하는 각 도서관은 영상정보처리기기 운영지침을 작성하여 자체점검을 실시해야 합니다. 이 경우 「개인정보보호법」을 바탕으로 안전행정부(현, 행정자치부)가 제시한 '공공기관 영상정보처리기기 설치 · 운영 가이드라인'을 참고하시면 됩니다.

• 자체 점검 시 고려사항

1. 영상정보처리기기의 운영 · 관리 방침에 열거된 사항
2. 관리책임자의 업무 수행 현황
3. 영상정보처리기기의 설치 및 운영 현황
4. 개인영상정보 수집 및 이용 · 제공 · 파기 현황
5. 위탁 및 수탁자에 대한 관리 · 감독 현황

6. 정보주체의 권리행사에 대한 조치 현황
7. 기술적·관리적·물리적 조치 현황
8. 영상정보처리기기 설치·운영의 필요성 지속 여부 등

출처: 안전행정부(2012), 공공기관 영상정보처리기기 설치 가이드라인

Q 44 영상정보처리기기의 설치 · 운영을 위탁하였을 경우 유의해야 할 점은 무엇입니까?

A 「개인정보 보호법 시행령」 제26조에 따라 공공기관에서 영상정보처리기기의 설치·운영업무를 위탁하는 경우에는 다음의 내용이 문서에 포함되어야 합니다.

• 「개인정보 보호법 시행령」 제26조제1항

1. 위탁하는 사무의 목적 및 범위
2. 재위탁 제한에 관한 사항
3. 영상정보에 대한 접근 제한 등 안전성 확보 조치에 관한 사항
4. 영상정보의 관리 현황 점검에 관한 사항
5. 위탁받는 자가 준수하여야 할 의무를 위반한 경우의 손해배상 등 책임에 관한 사항

사무를 위탁한 경우에는 「개인정보 보호법 시행령」 제24조제1항부터 제3항까지의 규정에 따라 안내판 등에 위탁받는 자의 명칭 및 연락처를 포함시켜야 합니다.

Q 45 BTL(Build Transfer Lease)사업으로 운영되는 학교의 건물 내에 설치된 CCTV의 관리 및 운영에 대한 책임은 어디에 있습니까?

A 임대형 민자사업(「사회기반시설에 대한 민간투자법」 제4조)인 BTL 사업에 의해 설치된 CCTV의 실질적인 운영책임은 학교에 있으며, 위

탁이 명시된 경우 위탁받은 자의 책임입니다. 위탁된 경우 영상정보처리기기의 안내판에 위탁자의 명칭, 연락처 등을 포함해야 합니다.

「개인정보 보호법」 제25조제8항에서 영상정보처리기기의 설치·운영에 관한 사무를 위탁할 수 있다고 제시하고 있으나, 공공기관의 경우 「개인정보 보호법 시행령」 제26조에 따라 다음의 내용이 포함된 문서로 사무위탁이 이루어져야 합니다.

• 「개인정보 보호법 시행령」 제26조

공공기관의 영상정보처리기기 설치·운영 사무의 위탁

① 법 제25조제8항 단서에 따라 공공기관이 영상정보처리기기의 설치·운영에 관한 사무를 위탁하는 경우에는 다음 각 호의 내용이 포함된 문서로 하여야 한다.

1. 위탁하는 사무의 목적 및 범위
2. 재위탁 제한에 관한 사항
3. 영상정보에 대한 접근 제한 등 안전성 확보 조치에 관한 사항
4. 영상정보의 관리 현황 점검에 관한 사항
5. 위탁받는 자가 준수하여야 할 의무를 위반한 경우의 손해배상 등 책임에 관한 사항

② 제1항에 따라 사무를 위탁한 경우에는 제24조제1항부터 제3항까지의 규정에 따른 안내판 등에 위탁받는 자의 명칭 및 연락처를 포함시켜야 한다.

Q 46 도서관에 설치된 모든 CCTV 설치 현황을 게재해야 합니까?

A 원칙적으로 설치·운영되는 모든 영상정보처리기기에 대한 안내판을 설치해야 합니다. 그러나 건물 안에 여러 개의 영상정보처리기기를 설치하는 경우에는, 「개인정보 보호법 시행령」 제24조에 따라 출입구 등 잘 보이는 곳에 해당 시설 또는 장소 전체가 영상정보처리기기 설치지역임을 표시하는 안내판을 설치할 수 있습니다.

안내판 설치 시 기재해야 할 내용에는 「개인정보 보호법 시행령」 제24조에서 제시하고 있는 다음의 사항이 포함되어야 합니다.

• 「개인정보 보호법 시행령」 제24조

안내판의 설치 등

① 법 제25조제1항 각 호에 따라 영상정보처리기기를 설치·운영하는 자(이하 "영상정보처리기기운영자"라 한다)는 영상정보처리기기가 설치·운영되고 있음을 정보주체가 쉽게 알아볼 수 있도록 법 제25조제4항 본문에 따라 다음 각 호의 사항이 포함된 안내판을 설치하여야 한다. 다만, 건물 안에 여러 개의 영상정보처리기기를 설치하는 경우에는 출입구 등 잘 보이는 곳에 해당 시설 또는 장소 전체가 영상정보처리기기 설치지역임을 표시하는 안내판을 설치할 수 있다.

1. 설치 목적 및 장소
2. 촬영 범위 및 시간
3. 관리책임자의 성명 및 연락처

Q 47 개인영상정보를 수집목적범위 내에서 제3자에게 제공할 때 유의해야 할 사항이 있습니까?

A 영상정보처리기기를 설치·운영하는 각 도서관에서 개인영상정보를 제3자에게 제공하는 경우에는 「표준 개인정보 보호지침」 제146조의 사항을 기록하고 이를 관리하여야 합니다.

• 「표준 개인정보 보호지침」 제146조

1. 개인영상정보 파일의 명칭
2. 이용하거나 제공받은 자(공공기관 또는 개인)의 명칭
3. 이용 또는 제공의 목적
4. 법령상 이용 또는 제공근거가 있는 경우 그 근거
5. 이용 또는 제공의 기간이 정하여져 있는 경우에는 그 기간
6. 이용 또는 제공의 형태

출처: 국립중앙도서관(2014), 국립중앙도서관 개인정보보호 기본지침

Q 48 개인영상정보가 분실 · 도난 · 유출 · 변조 · 훼손되지 않도록 하기 위한 안전성 확보조치는 무엇입니까?

A 영상정보처리기기운영자는 「표준 개인정보 보호지침」 제51조(개인영상정보의 안전성 확보를 위한 조치)에 따라 개인영상정보가 분실·도난·유출·변조 또는 훼손되지 아니하도록 「개인정보 보호법」 제29조 및 「개인정보 보호법 시행령」 제30조제1항에 따라 안전성 확보를 위하여 조치를 취해야 합니다.

개인영상정보의 안전성을 확보하기 위한 조치는 다음과 같습니다.

• 「표준 개인정보 보호지침」 제51조

개인영상정보의 안전성 확보를 위한 조치

1. 개인영상정보의 안전한 처리를 위한 내부관리계획의 수립·시행, 다만 「개인정보의 안전성 확보조치 기준 고시」 제2조제4호에 따른 '소상공인'은 내부관리계획을 수립하지 아니할 수 있다.
2. 개인영상정보에 대한 접근 통제 및 접근 권한의 제한 조치
3. 개인영상정보를 안전하게 저장·전송할 수 있는 기술의 적용(네트워크 카메라의 경우 안전한 전송을 위한 암호화 조치, 개인영상정보파일 저장시 비밀번호 설정 등)
4. 처리기록의 보관 및 위조·변조 방지를 위한 조치(개인영상정보의 생성 일시 및 열람할 경우에 열람 목적·열람자·열람 일시 등 기록·관리 조치 등)
5. 개인영상정보의 안전한 물리적 보관을 위한 보관시설 마련 또는 잠금장치 설치

Q 49 CCTV 영상정보의 보유기간은 어떤 기준으로 정해야 합니까? 또 보유기간이 지나면 파기해야 합니까?

A 「표준 개인정보 보호지침」 제45조에 따라 영상정보처리기기운영자는 다른 법령에 특별한 규정이 있는 경우를 제외하고는 수집한 개인영상정보를 '영상정보처리기기 운영·관리방침'에서 명시한 보관기간이

만료되었을 때 법령이 정하는 방법에 따라 파기하여야 합니다. 보유목적 달성을 위한 최소한의 기간을 산정하기 어려운 경우에는 보관기간을 개인영상정보 수집 후 30일 이내로 하면 됩니다.

또한 「개인정보 보호법」 제25조, 「표준 개인정보 보호지침」 제45조, 제46조에 따라 개인영상정보의 경우에는 파기 때마다 '개인영상정보 관리대장'에 그 내용을 기록하고 관리하여야 합니다([별지 4] 참고).

• 「표준 개인정보 보호지침」 제45조

보관 및 파기

① 영상정보처리기기운영자는 수집한 개인영상정보를 영상정보처리기기 운영·관리 방침에 명시한 보관 기간이 만료한 때에는 지체 없이 파기하여야 한다. 다만, 다른 법령에 특별한 규정이 있는 경우에는 그러하지 아니하다.

② 영상정보처리기기운영자가 그 사정에 따라 보유 목적의 달성을 위한 최소한의 기간을 산정하기 곤란한 때에는 보관 기간을 개인영상정보 수집 후 30일 이내로 한다.

③ 개인영상정보의 파기 방법은 다음 각 호의 어느 하나와 같다.

1. 개인영상정보가 기록된 출력물(사진 등) 등은 파쇄 또는 소각
2. 전자기적(電磁氣的) 파일 형태의 개인영상정보는 복원이 불가능한 기술적 방법으로 영구 삭제

• 「표준 개인정보 보호지침」 제46조

이용·제3자 제공·파기의 기록 및 관리

① 영상정보처리기기운영자는 개인영상정보를 수집 목적 이외로 이용하거나 제3자에게 제공하는 경우에는 다음 각 호의 사항을 기록하고 이를 관리하여야 한다.

1. 개인영상정보 파일의 명칭
2. 이용하거나 제공받은 자(공공기관 또는 개인)의 명칭
3. 이용 또는 제공의 목적
4. 법령상 이용 또는 제공근거가 있는 경우 그 근거
5. 이용 또는 제공의 기간이 정하여져 있는 경우에는 그 기간
6. 이용 또는 제공의 형태

② 영상정보처리기기운영자가 개인영상정보를 파기하는 경우에는 다음 사항을 기록하고 관리하여야 한다.

1. 파기하는 개인영상정보 파일의 명칭

2. 개인영상정보 파기일시(사전에 파기 시기 등을 정한 자동 삭제의 경우에는 파기 주기 및 자동 삭제 여부에 대한 확인 시기)
3. 개인영상정보 파기 담당자

Q 50 CCTV 영상정보의 열람은 어떠한 경우에 허용되고, 어떠한 절차로 열람시켜 주어야 합니까?

A 정보주체는 「표준 개인정보 보호지침」 제48조에 따라 영상정보처리기기운영자가 처리하는 개인영상정보의 열람·존재확인을 해당 영상정보처리기기운영자에게 요구할 수 있습니다.

• 정보주체가 열람·존재확인을 요구할 수 있는 개인영상정보

① 정보주체 자신이 촬영된 개인영상정보
② 정보주체의 급박한 생명, 신체, 재산의 이익을 위하여 필요한 개인영상정보

※ 공공기관에 대한 열람·존재확인 요구는 '개인영상정보 열람·존재확인 청구서(전자문서를 포함한다)'로 하여야 합니다.
※ 「표준 개인정보 보호지침」 [별지 제2호 서식] 참조

열람·존재확인 요구를 한 자의 신분증명서(주민등록증·운전면허증·여권 등)를 제출받아 확인하고, 지체 없이 필요한 조치를 취하여야 합니다.

「표준 개인정보 보호지침」 제44조에 따라 개인영상정보는 수집목적 외에 이용하거나 제3자에게 제공해서는 안 되며 예외적인 경우는 다음과 같습니다.

• 「표준 개인정보 보호지침」 제44조

개인영상정보 이용·제3자 제공 등 제한 등

① 영상정보처리기기운영자는 다음 각 호의 경우를 제외하고는 개인영상정보를 수집 목적 이외로 이용하거나 제3자에게 제공하여서는 아니된다. 다만 제5호부터 제9호까지의 경우는 공공기관의 경우로 한정한다.

1. 정보주체에게 동의를 얻은 경우
2. 다른 법률에 특별한 규정이 있는 경우
3. 정보주체 또는 그 법정대리인이 의사표시를 할 수 없는 상태에 있거나 주소불명 등으로 사전 동의를 받을 수 없는 경우로서 명백히 정보주체 또는 제3자의 급박한 생명, 신체, 재산의 이익을 위하여 필요하다고 인정되는 경우
4. 통계작성 및 학술연구 등의 목적을 위하여 필요한 경우로서 특정 개인을 알아볼 수 없는 형태로 개인영상정보를 제공하는 경우
5. 개인영상정보를 목적 외의 용도로 이용하거나 이를 제3자에게 제공하지 아니하면 다른 법률에서 정하는 소관 업무를 수행할 수 없는 경우로서 보호위원회의 심의·의결을 거친 경우
6. 조약, 그 밖의 국제협정의 이행을 위하여 외국정부 또는 국제기구에 제공하기 위하여 필요한 경우
7. 범죄의 수사와 공소의 제기 및 유지를 위하여 필요한 경우
8. 법원의 재판업무 수행을 위하여 필요한 경우
9. 형(刑) 및 감호, 보호처분의 집행을 위하여 필요한 경우

Chapter 06

개인정보의 파기

Q 51 수집한 개인정보는 언제까지 보유(보관)하여야 합니까?

A 「표준 개인정보 보호지침」 제11조에서는 개인정보의 보유기간이 경과된 경우에는 정당한 사유가 없는 한 보유기간의 종료일로부터 5일 이내에 파기해야 한다고 제시하고 있습니다.

이에 따라, 개인정보가 불필요하게 되었을 때(개인정보의 처리목적 달성, 해당 서비스의 폐지, 사업의 종료 등)에는 정당한 사유가 없는 한 개인정보의 처리가 불필요한 것으로 인정되는 날로부터 5일 이내에 파기해야 합니다.

「표준 개인정보 보호지침」 [별표 1]의 '개인정보파일 보유기간 책정 기준표'에 따라 개인정보파일 대상의 보유기간을 책정할 수 있습니다.

보유기간	대상 개인정보파일
영구	1. 국민의 지위, 신분, 재산을 증명하기 위해 운용하는 개인정보파일 중 영구보존이 필요한 개인정보파일 2. 국민의 건강증진과 관련된 업무를 수행하기 위해 운용하는 개인정보파일 중 영구보존이 필요한 개인정보파일
준영구	1. 국민의 신분, 재산을 증명하기 위해 운용하는 개인정보파일 중 개인이 사망, 폐지, 그 밖의 사유로 소멸되기 때문에 영구보존할 필요가 없는 개인정보파일 2. 국민의 신분증명 및 의무부과, 특정대상 관리 등을 위하여 행정기관이 구축하여 운영하는 행정정보시스템의 데이터 셋으로 구성된 개인정보파일

30년	1. 관계 법령에 따라 10년 이상 30년 미만의 기간 동안 민·형사상 또는 행정상의 책임 또는 시효가 지속되거나, 증명자료로서 가치가 지속되는 개인정보파일
10년	1. 관계 법령에 따라 5년 이상 10년 미만의 기간 동안 민·형사상 또는 행정상의 책임 또는 시효가 지속되거나, 증명자료로서 가치가 지속되는 개인정보파일
5년	1. 관계 법령에 따라 3년 이상 5년 미만의 기간 동안 민·형사상 또는 행정상의 책임 또는 시효가 지속되거나, 증명자료로서 가치가 지속되는 개인정보파일
3년	1. 행정업무의 참고 또는 사실 증명을 위하여 1년 이상 3년 미만의 기간 동안 보존할 필요가 있는 개인정보파일 2. 관계 법령에 따라 1년 이상 3년 미만의 기간 동안 민·형사상 또는 행정상의 책임 또는 시효가 지속되거나, 증명자료로서의 가치가 지속되는 개인정보파일 3. 각종 증명서 발급과 관련된 개인정보파일(단, 다른 법령에서 증명서 발급 관련 보유기간이 별도로 규정된 경우 해당 법령에 따름)
1년	1. 상급기관(부서)의 요구에 따라 단순 보고를 위해 생성한 개인정보파일

Q 52 개인정보 보유기간을 도서관 내에서 마음대로 정할 수 있습니까?

A 기관정책에 따른 수집목적과 용도에 따라 산출된 보유기간이어야 하며 수집될 개인정보별로 보유기간을 산정할 수도 있습니다.

「표준 개인정보 보호지침」 제64조에서 보유기간의 산정에 대해 다음과 같이 제시하고 있으며, [별표 1]에서는 '개인정보파일 보유기간 책정 기준표'를 안내하고 있습니다.

• 「표준 개인정보 보호지침」 제64조

개인정보파일 보유기간의 산정

① 보유기간은 전체 개인정보가 아닌 개별 개인정보의 수집부터 삭제까지의 생애주기로서 보유목적에 부합된 최소기간으로 산정하되, 개별 법령의 규정에 명시된 자료의 보존기간에 따라 산정해야 한다.

② 개별 법령에 구체적인 보유기간이 명시되어 있지 않은 경우에는 개인정보 보호책임자의 협의를 거쳐 기관장의 결재를 통하여 산정해야 한다. 다만, 보유기간은 별표 1의 개인정보파일 보유기간 책정 기준표에서 제시한 기

준과 「공공기록물 관리에 관한 법률 시행령」에 따른 기록관리기준표를 상회할 수 없다.

③ 정책고객, 홈페이지회원 등의 홍보 및 대국민서비스 목적의 외부고객 명부는 특별한 경우를 제외하고는 2년을 주기로 정보주체의 재동의 절차를 거쳐 동의한 경우에만 계속적으로 보유할 수 있다.

Q 53 퇴직한 시간제근로자에 대한 개인정보는 언제 파기하여야 합니까?

A 30일 이상 근무한 자의 경우 증명서 청구기간이 퇴직 후 3년 이내로 정해져 있으므로, 3년간 보유할 수 있습니다.

「근로기준법 시행령」 제19조에는 사용증명서의 청구에 관한 내용이, 「근로기준법」 제39조에는 사용증명서에 대한 내용이 규정되어 있습니다.

• 「근로기준법 시행령」 제19조

사용증명서의 청구

법 제39조제1항에 따라 사용증명서를 청구할 수 있는 자는 계속하여 30일 이상 근무한 근로자로 하되, 청구할 수 있는 기한은 퇴직 후 3년 이내로 한다.

• 「근로기준법」 제39조

사용증명서

① 사용자는 근로자가 퇴직한 후라도 사용 기간, 업무 종류, 지위와 임금, 그 밖에 필요한 사항에 관한 증명서를 청구하면 사실대로 적은 증명서를 즉시 내주어야 한다.

② 제1항의 증명서에는 근로자가 요구한 사항만을 적어야 한다.

Q 54 홈페이지의 폐쇄, 회원탈퇴 또는 개인정보의 처리목적 달성 등으로 개인정보가 불필요하게 되었을 때 어떻게 파기하여야 합니까?

A 물리적 · 전자적 개인정보는 복원 · 재생불가한 방법으로 파기해야 합니다.

「표준 개인정보 보호지침」 제11조에서 다음과 같이 개인정보의 파기방법 및 절차를 제시하고 있습니다.

• 「표준 개인정보 보호지침」 제11조

개인정보의 파기방법 및 절차

① 개인정보 처리자는 개인정보의 보유기간이 경과된 경우에는 정당한 사유가 없는 한 보유기간의 종료일로부터 5일 이내에, 개인정보의 처리 목적 달성, 해당 서비스의 폐지, 사업의 종료 등 그 개인정보가 불필요하게 되었을 때에는 정당한 사유가 없는 한 개인정보의 처리가 불필요한 것으로 인정되는 날로부터 5일 이내에 그 개인정보를 파기하여야 한다.

② 시행령 제16조제2호의 '복원이 불가능한 방법'이란 사회통념상 현재의 기술수준에서 적절한 비용이 소요되는 방법을 말한다.

③ 개인정보 처리자는 개인정보의 파기에 관한 사항을 기록·관리하여야 한다.

④ 개인정보파기의 시행 및 확인은 개인정보 보호책임자의 책임하에 수행된다.

⑤ 개인정보 보호책임자는 개인정보 파기 시행 후 파기 결과를 확인하여야 한다.

⑥ 개인정보 처리자 중 공공기관의 개인정보파일 파기에 관하여는 제62조 및 제63조를 적용한다.

Q 55 도서관에서 이용자가 회원가입 시 등록한 개인정보파일의 보유기간은 어떻게 산정하여야 합니까?

A 보유기간은 수집목적에 따라 산정하고, 기간에 따라 재동의를 받아 보유해야 하며 수집되는 자료에 따라 다음 「표준 개인정보 보호지침」과 같이 산정할 수도 있습니다.

도서관 회원등록을 위하여 수집한 개인정보는 '도서관 이용'이라는 목적이 존재하는 한 보존할 수 있습니다. 하지만 수집된 개인정보는 목적을 위해 필요한 최소한의 범위 내 기간 동안 이용되어야 하기 때문에 더 이상 도서관을 이용하지 않게 되는 경우(회원탈퇴) 또는 도서관의 폐관 등의 경우에는 개인정보가 불필요하게 되었을 때에 해당하므로 지체 없이 파기하여야 합니다.

• 「표준 개인정보 보호지침」 제64조

개인정보파일 보유기간의 산정

① 보유기간은 전체 개인정보가 아닌 개별 개인정보의 수집부터 삭제까지의 생애주기로서 보유목적에 부합된 최소기간으로 산정하되, 개별 법령의 규정에 명시된 자료의 보존기간에 따라 산정해야 한다.

② 개별 법령에 구체적인 보유기간이 명시되어 있지 않은 경우에는 개인정보 보호책임자의 협의를 거쳐 기관장의 결재를 통하여 산정해야 한다. 다만, 보유기간은 별표 1의 개인정보파일 보유기간 책정 기준표에서 제시한 기준과 「공공기록물 관리에 관한 법률 시행령」에 따른 기록관리기준표를 상회할 수 없다.

③ 정책고객, 홈페이지회원 등의 홍보 및 대국민서비스 목적의 외부고객 명부는 특별한 경우를 제외하고는 2년을 주기로 정보주체의 재동의 절차를 거쳐 동의한 경우에만 계속적으로 보유할 수 있다.

Q 56 개인정보의 보유기간 만료 또는 처리목적 달성 등 개인정보가 불필요하게 되었을 때 파기방법 및 절차는 어떻게 됩니까?

A 개인정보 처리자는 「표준 개인정보 보호지침」 제11조(개인정보의 파기방법 및 절차)에 따라 삭제하여 행정자치부에 보고해야 합니다. 수집된 개인정보의 파기에 대한 내부계획이 수립되어 있는 경우 내부 파기계획에 따라 시행할 수 있습니다.

「개인정보 보호법 시행령」 제32조의 개인정보 보호책임자의 업무 및 지정요건에서 제3항은 처리목적이 달성되거나 보유기간이 지난 개인정보의 파기를 제시하고 있습니다. 정보가 파기된 이후, 「표준 개인정보 보호지침」 제60조제2항에 따라서 개인정보파일 등록의 삭제를 요청받은 개인정보 보호책임자는 그 사실을 확인하고, 지체 없이 등록 사실을 삭제한 후 그 사실을 행정자치부(구, 안전행정부)에 통보하도록 제시하고 있습니다.

개인정보의 파기방법 및 절차는 다음과 같습니다.

• 「표준 개인정보 보호지침」 제11조

개인정보의 파기방법 및 절차

① 개인정보 처리자는 개인정보의 보유기간이 경과된 경우에는 정당한 사유가 없는 한 보유기간의 종료일로부터 5일 이내에, 개인정보의 처리 목적 달성, 해당 서비스의 폐지, 사업의 종료 등 그 개인정보가 불필요하게 되었을 때에는 정당한 사유가 없는 한 개인정보의 처리가 불필요한 것으로 인정되는 날로부터 5일 이내에 그 개인정보를 파기하여야 한다.

② 시행령 제16조제2호의 '복원이 불가능한 방법'이란 사회통념상 현재의 기술수준에서 적절한 비용이 소요되는 방법을 말한다.

③ 개인정보 처리자는 개인정보의 파기에 관한 사항을 기록·관리하여야 한다.

④ 개인정보파기의 시행 및 확인은 개인정보 보호책임자의 책임하에 수행된다.

⑤ 개인정보 보호책임자는 개인정보 파기 시행 후 파기 결과를 확인하여야 한다.

⑥ 개인정보 처리자 중 공공기관의 개인정보파일 파기에 관하여는 제62조 및 제63조를 적용한다.

Q 57 개인정보를 파기하는 경우에도 파기사실을 정보주체에게 알려야 합니까?

A 「개인정보 보호법」은 개인정보를 파기하기 위하여 정보주체에게 알리거나 동의를 받을 것을 규정하고 있지는 않습니다.

다만, 「개인정보 보호법 시행령」 제43조에 따라 정보주체의 요구에 따른 정정·삭제 등 필요한 조치를 하거나 삭제 요구에 따르지 아니한 경우, 정보주체에게 법정서식(「개인정보 보호법 시행규칙」 [별지 제9호 서식] '개인정보 정정·삭제 요구에 대한 결과 통지서')으로 알려야 합니다.

「개인정보 보호법 시행규칙」 [별지 제9호 서식]

개인정보 ([ ] 열람 [ ] 일부열람 [ ] 열람연기 [ ] 열람거절) 통지서

(앞쪽)

수신자 (우편번호: 주소:)

요구내용				
열람일시			열람장소	
통지내용 ([ ] 열람 [ ] 일부열람 [ ] 열람연기 [ ] 열람거절)				
열람형태 및 방법	열람형태	[ ]열람·시청 [ ]사본·출력물 [ ]전자파일 [ ]복제물·인화물 [ ]기타		
	열람방법	[ ]직접방문 [ ]우편 [ ]팩스 [ ]전자우편 [ ]기타		
납부금액	① 수수료 원		② 우송료 원	계(①+②) 원
	수수료 산정 명세			
사유				
이의제기방법	※ 개인정보 처리자는 이의제기방법을 적습니다.			

「개인정보 보호법」 제35조제3항·제4항 또는 제5항과 같은 법 시행령 제41조제4항 또는 제42조제2항에 따라 귀하의 개인정보 열람요구에 대하여 위와 같이 통지합니다.

년 월 일

발 신 명 의 [직인]

210mm×297mm[신문용지 54g/m²]

Q 58 **대부분의 전자적 파일은 삭제를 해도 복원이 가능하다고 하는데, 복원불가능한 방법으로 영구삭제하는 방법에는 어떤 것이 있습니까?**

A 개인정보를 파기할 때는 복구 또는 재생되지 아니하도록 「국가 정보보안 기본지침」 제48조제4항의 규정에 의한 「정보시스템 저장매체 불용처리지침」에 따라 다음과 같은 방법을 참고하여 삭제하시면 됩니다.

정보시스템 저장매체 · 자료별 삭제방법

	공개자료	민감자료 (개인정보 등)	비밀자료 (대외비 포함)
플로피디스크	㉮ 완전파괴	㉮ 완전파괴	㉮ 완전파괴
광디스크 (CD · DVD 등)	㉮ 완전파괴	㉮ 완전파괴	㉮ 완전파괴
자기 테이프	㉮ · ㉯ 중 택일	㉮ · ㉯ 중 택일	㉮ 완전파괴
반도체 메모리 (EEPROM 등)	㉮ · ㉱ 중 택일	㉮ · ㉰ 중 택일	㉮ 또는 ㉰
	완전포맷이 되지 않는 저장매체는 ㉮ 방법 사용		
하드디스크	㉱ 완전포맷 1회	㉮ · ㉯ · ㉰ 중 택일	㉮ · ㉯ 중 택일

㉮ 완전파괴(소각 · 파쇄 · 용해)

㉯ 전용 소자(消磁)장비 이용 저장자료 삭제

※ 소자장비는 반드시 저장매체의 자기력(磁氣力)보다 큰 자기력 보유

㉰ 완전포맷 3회 수행

㉱ 완전포맷 1회 수행

Chapter 07

개인정보의 침해 · 유출

Q 59 개인정보 침해사고란 무엇입니까?

A 개인정보 침해사고란 비인가된 접근, 전산시스템의 오·남용(비인가된 사용)을 의미하며, 비인가된 시스템 사용 또는 사용자의 계정 도용, 악성코드 유입 및 실행, 정보서비스의 방해뿐만 아니라 해킹사고와 바이러스사고도 포함됩니다. 또한 보안정책에 위반되는 행위 역시 침해사고로 정의됩니다. 침해사고대응반은 본 침해사고의 범위에 정의된 사고를 중심으로 대응 조치를 취해야 합니다.

① **악성프로그램 유포**: 제작자가 의도적으로 다른 정보통신 이용자에게 피해를 주고자 하는 악의적 목적으로 만든 프로그램 및 실행가능한 코드를 의미합니다. '악성코드'라 표현하기도 하며, 이메일, 메신저, 문서의 매크로 기능 등을 이용하여 악성프로그램을 유포시키고 공격하는 데 사용되며 주요 형태로는 컴퓨터바이러스, 인터넷웜, 트로이목마 등이 있습니다.

② **서비스 거부 공격(Denial of Service, DoS)**: 시스템 또는 네트워크서비스의 정상적인 운영을 방해하는 공격으로, 시스템을 다운시키거나, 네트워크에 과부하 트래픽을 유발시켜 사용자들이 서비스를 이용하지 못하게 하는 공격입니다.

③ **시스템 침입(비인가된 접근)**: 시스템 또는 네트워크의 취약성을 이용하여 시스템에 침입하는 공격이며 보통 특정 취약점을 공격하는

해킹프로그램을 이용하거나, 잘못된 서버 운영상의 문제(예: 디폴트 패스워드를 사용하는 경우 등)를 이용하여 시스템에 침입하는 것을 말합니다.

④ **오·남용(비인가된 사용)**: 시스템 및 네트워크 자원을 허가받지 않은 방법으로 사용하거나 악용하는 공격입니다. 스팸메일을 보낼 때 다른 사이트의 시스템을 이용하는 방법이나 다른 사람의 계정을 도용하는 행위 등이 대표적인 예시입니다.

⑤ **정보 수집**: 특정 사이트의 시스템 및 네트워크에 대한 정보를 수집하기 위한 공격으로 포트 스캔, 전화번호 스캔 등이 있습니다. 공격자는 정보 수집을 통해 특정 사이트에 어떠한 시스템이 존재하는지, 어떠한 서비스가 제공되는지, 어떠한 네트워크 구조를 갖고 있는지, 그리고 어떠한 취약성이 있는지를 알 수 있습니다.

출처: 국립중앙도서관(2014), 국립중앙도서관 개인정보 침해·유출사고 대응지침

Q 60 개인정보 침해사고의 유형에는 어떤 것이 있습니까?

A 개인정보 침해사고의 유형에는 과실로 인한 개인정보 침해, 과실로 인한 개인정보 유·노출, 오·남용으로 인한 개인정보 유출, 외부 침투에 의한 개인정보 유출 등이 있습니다.

사고 유형	내용	인지 경로
과실로 인한 개인정보 침해	• 정보주체의 동의 또는 법적 근거 없이 개인정보를 제3자에게 제공하는 등 개인정보의 관리(수집·저장·이용·파기)가 미흡하여 정보주체에게 침해를 주는 경우	① 상시 모니터링 ② 실태점검 ③ 침해신고
과실로 인한 개인정보 유·노출	• 개인정보가 포함된 서면, 이동식 저장장치, 휴대용 컴퓨터를 분실 또는 도난당한 경우 • 권한이 없는 자에게 개인정보를 잘못 전달한 경우	
오·남용으로 인한 개인정보 유출	• 개인정보 부당 이용 또는 사적 유용을 목적으로 유출하는 경우	

외부 침투에 의한 개인정보 유출	• 홈페이지 해킹 등 외부 침투에 의해 정보주체의 개인정보가 유출되는 경우	정보시스템 운영과 확인

출처: 국립중앙도서관(2014), 국립중앙도서관 개인정보 침해·유출사고 대응지침

Q 61 개인정보 유출이란 무엇을 말합니까?

A ▸ 개인정보의 유출이라 함은 법령이나 개인정보 처리자의 자유로운 의사에 의하지 않고, 개인정보 처리자가 정보주체의 개인정보에 대한 통제력을 상실하거나 또는 권한 없는 자의 접근을 허용하는 것으로서, 「표준 개인정보 보호지침」 제26조에서도 개인정보 유출이 다음 각 호의 어느 하나에 해당한다고 명시하고 있습니다.

• 「표준 개인정보 보호지침」 제26조

개인정보의 유출

개인정보의 유출이라 함은 법령이나 개인정보 처리자의 자유로운 의사에 의하지 않고, 정보주체의 개인정보에 대하여 개인정보 처리자가 통제를 상실하거나 또는 권한 없는 자의 접근을 허용한 것으로서, 다음 각 호의 어느 하나에 해당하는 경우를 말한다.

1. 개인정보가 포함된 서면, 이동식 저장장치, 휴대용 컴퓨터 등을 분실하거나 도난당한 경우
2. 개인정보가 저장된 데이터베이스 등 개인정보 처리시스템에 정상적인 권한이 없는 자가 접근한 경우
3. 개인정보 처리자의 고의 또는 과실로 인해 개인정보가 포함된 파일 또는 종이문서, 기타 저장매체가 권한이 없는 자에게 잘못 전달된 경우
4. 기타 권한이 없는 자에게 개인정보가 전달되거나 개인정보 처리시스템 등에 접근 가능하게 된 경우

※ 단, 홈페이지 등에 단순 노출된 경우에는 유출로 보지 않습니다.

Q 62 개인정보 유출사고가 발생하였을 때 어떻게 처리하여야 합니까?

A ▸ 「개인정보 보호법」 제34조에 따라 개인정보 유출통지를 다음과 같

이 하여야 합니다.

• 「개인정보 보호법」 제34조

개인정보 유출 통지 등

① 개인정보 처리자는 개인정보가 유출되었음을 알게 되었을 때에는 지체 없이 해당 정보주체에게 다음 각 호의 사실을 알려야 한다.
1. 유출된 개인정보의 항목
2. 유출된 시점과 그 경위
3. 유출로 인하여 발생할 수 있는 피해를 최소화하기 위하여 정보주체가 할 수 있는 방법 등에 관한 정보
4. 개인정보 처리자의 대응조치 및 피해 구제절차
5. 정보주체에게 피해가 발생한 경우 신고 등을 접수할 수 있는 담당부서 및 연락처

② 개인정보 처리자는 개인정보가 유출된 경우 그 피해를 최소화하기 위한 대책을 마련하고 필요한 조치를 하여야 한다.

③ 개인정보 처리자는 대통령령으로 정한 규모 이상의 개인정보가 유출된 경우에는 제1항에 따른 통지 및 제2항에 따른 조치 결과를 지체 없이 행정자치부장관 또는 대통령령으로 정하는 전문기관에 신고하여야 한다. 이 경우 행정자치부장관 또는 대통령령으로 정하는 전문기관은 피해 확산방지, 피해 복구 등을 위한 기술을 지원할 수 있다.

④ 제1항에 따른 통지의 시기, 방법 및 절차 등에 관하여 필요한 사항은 대통령령으로 정한다.

「표준 개인정보 보호지침」 제28조(통지방법)는 개인정보 유출 통지방법에 대해 다음과 같이 제시하고 있습니다. 이 외에 「표준 개인정보 보호지침」 제29조를 참고하면 개인정보 유출신고에 대해 알 수 있습니다.

• 「표준 개인정보 보호지침」 제28조

통지방법

① 개인정보 처리자는 정보주체에게 제27조제1항 각 호의 사항을 통지할 때에는 서면, 전자우편, 모사전송, 전화, 휴대전화 문자전송 또는 이와 유사한 방법을 통하여 지체 없이 정보주체에게 알려야 한다.

② 개인정보 처리자는 제1항의 통지방법과 동시에, 홈페이지 등을 통하여 제27조제1항 각 호의 사항을 공개할 수 있다.

Q 63 개인정보가 유출되었을 경우 신고 절차가 어떻게 됩니까?

A 개인정보가 유출되었을 경우, 다음 그림에서 보이는 바와 같이 유출 피해의 범위에 따라 보통은 ②까지, 1만 명 이상 유출된 경우에는 ③까지 신고해야 하며, 소속·산하기관은 유출 즉시 행정자치부 개인정보 보호책임관에게 신고하여야 합니다.

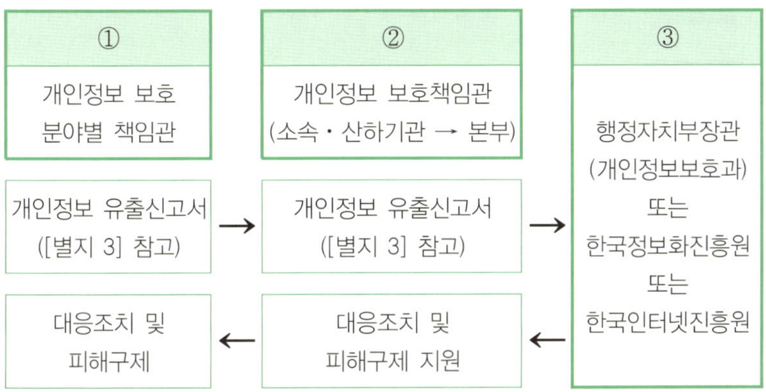

<table>
<tr><th>구분</th><th colspan="2">내용</th></tr>
<tr><td rowspan="4">신고기관</td><td colspan="2">행정자치부, 한국정보화진흥원, 한국인터넷진흥원</td></tr>
<tr><td>행정자치부
개인정보보호 종합지원 포털</td><td>• http://www.privacy.go.kr
• 118</td></tr>
<tr><td>한국정보화진흥원
개인정보보호지원센터</td><td>• http://privacy.nia.or.kr
• privacy@nia.or.kr
• 02-2131-0111~2</td></tr>
<tr><td>한국인터넷진흥원</td><td>• http://privacy.kisa.or.kr
• 02-405-5118</td></tr>
<tr><td>신고시기</td><td colspan="2">유출사실을 발견한 때로부터 5일 이내(정보주체에 대한 통지 및 조치결과 신고)</td></tr>
<tr><td>신고방법</td><td colspan="2">• 전자우편, 팩스, 인터넷사이트를 통한 신고 및 신고서 제출([별지 3] 개인정보 유출신고서 참조)
• 시간적 여유가 없거나 특별한 사정이 있는 경우 유선신고 후 유출신고서 제출가능</td></tr>
</table>

신고내용	기관명, 통지 여부, 유출된 개인정보 항목·규모, 유출시점·경위, 유출피해 최소화 대책·조치 및 결과, 정보주체가 할 수 있는 피해 최소화 방법 및 구체절차, 담당부서·담당자 연락처

출처: 국립중앙도서관(2014), 국립중앙도서관 개인정보 침해·유출사고 대응지침, 안전행정부(2013), 안전행정부 개인정보보호 지침

Q 64 개인정보가 유출되었을 시 어떻게 정보주체에게 통지하면 됩니까?

A 개인정보가 유출되었을 경우 통지방법, 통지내용, 통지시기, 통지연기 등의 방법은 다음과 같습니다.

구분	내용
통지대상	정보주체
통지방법	• 서면, 전자우편, 팩스, 전화, 문자(SMS) 전송 또는 이와 유사한 방법 • 위의 통지방법과 동시에 홈페이지 공개가능 – 단, 통지 및 조치 후에도 1만 명 이상의 개인정보가 유출된 경우에는 서면 등의 방법과 함께 인터넷 홈페이지에 7일 이상 통지내용을 게재
통지내용	• 유출된 개인정보의 항목 • 유출된 시점과 그 경위 • 유출로 인하여 발생할 수 있는 피해를 최소화하기 위하여 정보주체가 할 수 있는 방법 등에 관한 정보 • 개인정보 처리자의 대응조치 및 피해 구제절차 • 정보주체에게 피해가 발생한 경우 신고 등을 접수할 수 있는 담당부서 및 연락처
통지시기	유출사실을 발견한 때로부터 5일 이내
통지연기	• 개인정보 유출확산 방지를 위한 조치가 필요한 경우 연기가능 – 개인정보가 유출되었을 것으로 의심되는 개인정보 처리시스템의 접속권한 삭제·변경 또는 폐쇄 조치 – 네트워크, 방화벽 등 대·내외 시스템 보안점검 및 취약점 보완 조치 – 향후 수사에 필요한 외부의 접속기록 등 보존 조치 – 정보주체에게 유출 관련 사실을 통지하기 위한 유출확인 웹페이지 제작 등의 통지방법 마련 조치 – 기타 개인정보의 유출확산 방지를 위해 필요한 기술적·관리적 조치

	• 개인정보 처리자는 위 각 항목의 조치를 취한 이후, 정보주체에게 다음 각 항목의 사실만 일차적으로 알리고 추후 확인되는 즉시 알릴 수 있음 – 정보주체에게 유출이 발생한 사실 – 통지내용 중 확인된 사항

출처: 국립중앙도서관(2014), 국립중앙도서관 개인정보 침해 · 유출사고 대응지침

Q 65 개인정보가 유출되었을 경우 언제까지 어떤 내용을 통지하면 됩니까?

A 「표준 개인정보 보호지침」 제27조(통지시기 및 항목)에 따라 개인정보 처리자는 실제로 유출사고가 발생한 것으로 확인된 시기로부터 정당한 사유가 없는 한 5일 이내에 해당 정보주체에게 다음의 사항을 알려야 합니다.

① 유출된 개인정보의 항목
② 유출된 시점과 그 경위
③ 유출로 인하여 발생할 수 있는 피해를 최소화하기 위하여 정보주체가 할 수 있는 방법 등에 관한 정보
④ 개인정보 처리자의 대응조치 및 피해 구제절차
⑤ 정보주체에게 피해가 발생한 경우 신고 등을 접수할 수 있는 담당부서 및 연락처

개인정보 처리자는 개인정보가 유출된 경우 그 피해를 최소화하기 위한 대책을 마련하고 필요한 조치를 하며 개인정보 유출사고가 최초 발생한 시점과 알게 된 시점 사이에 시간적 차이가 있는 경우에는 이에 대한 과실의 유무를 입증해야 합니다. 또한 위의 사항을 전달한 이후 정보주체에게 다음 사항을 사실만 일차적으로 알리고, 추후 확인되는 즉시 알려야 합니다.

① 정보주체에게 유출이 발생한 사실
② 제27조제1항의 통지항목 중 확인된 사항

Q 66 개인정보가 유출된 사실을 뒤늦게 알게 되었다면 어떻게 해야 합니까?

A 「개인정보 보호법」 제34조제1항에 따르면 개인정보의 유출사실을 통지하는 것은 '개인정보가 유출되었음을 알게 되었을 때'를 말합니다. 따라서 유출사실이 발생한 시점이 아닌 유출사실을 인지한 시점에 통지의무가 발생합니다. 그러므로 유출사실을 인지한 즉시 통지를 하면 됩니다.

다만, 「표준 개인정보 보호지침」 제27조(통지시기 및 항목)제2항에 따르면 개인정보 유출사고가 최초 발생한 시점과 알게 된 시점 사이에 시간적 차이가 있는 경우 개인정보 처리자는 이에 대한 과실 유무를 입증하여야 합니다.

개인정보 처리자가 개인정보 유출사실을 알게 되었을 때에는 지체 없이 해당 정보주체에게 다음 각 호의 사실을 알려야 합니다.

• 「개인정보 보호법」 제34조

개인정보 유출 통지 등

① 개인정보 처리자는 개인정보가 유출되었음을 알게 되었을 때에는 지체 없이 해당 정보주체에게 다음 각 호의 사실을 알려야 한다.

1. 유출된 개인정보의 항목
2. 유출된 시점과 그 경위
3. 유출로 인하여 발생할 수 있는 피해를 최소화하기 위하여 정보주체가 할 수 있는 방법 등에 관한 정보
4. 개인정보 처리자의 대응조치 및 피해 구제절차
5. 정보주체에게 피해가 발생한 경우 신고 등을 접수할 수 있는 담당부서 및 연락처

• 「표준 개인정보 보호지침」 제27조

통지시기 및 항목

개인정보 처리자는 제1항제2호의 경우 개인정보 유출 사고가 최초 발생한 시점과 알게 된 시점 사이에 시간적 차이가 있는 경우에는 이에 대한 과실유무를 입증하여야 한다.

Q 67 개인정보 침해 · 유출사고 시 할 수 있는 조치로는 어떤 것이 있습니까?

A 개인정보 침해 · 유출사고 시 조치방법은 확인단계와 조치단계로 구분됩니다. 확인단계에서는 사고인지 · 접수, 확인조사 실시, 피해 확산 여부를 확인합니다. 조치단계에서는 유출통지, 유출통지신고, 사례전파 및 시스템 보완의 방법이 진행됩니다.

단계	조치방법	세부 조치사항
확인 단계	① 사고인지 · 접수	• 개인정보 총괄부서 인지 및 접수 • 침해 · 유출사고 상황 파악 • 개인정보 보호책임자에게 보고
	② 확인조사 실시	침해 · 유출사고 내용(원인, 규모 등) 세부조사: 법령 위반사실 증빙자료 취합
	③ 피해 확산 여부 확인	• 확인조사 결과에 따른 분석을 통해 추가 유출가능성 및 피해 확산 여부 확인 • 홍보담당관과 공조하여 해명보도자료 등 배포
조치 단계	④ 유출통지	정보주체에게 5일 이내 통지
	⑤ 유출통지신고	행정자치부, 한국정보화진흥원 또는 한국인터넷진흥원에 5일 이내 신고
	⑥ 사례전파 및 시스템 보완	기술적 · 관리적 보완 조치

출처: 국립중앙도서관(2014), 국립중앙도서관 개인정보 침해 · 유출사고 대응지침

Q 68 개인정보의 침해 · 유출피해에 대한 피해주제, 상담 등을 문의할 수 있는 기관이 있습니까?

A 개인정보의 침해 · 유출피해에 대한 피해주제, 상담 등은 '개인정보 침해신고센터', '개인정보 분쟁조정위원회', '대검찰청 사이버범죄수사단', '경찰청 사이버안전국' 등의 기관에서 받을 수 있습니다.

① 개인정보 침해신고센터

- 운영: 한국인터넷진흥원
- 소관업무: 개인정보 침해사실신고, 상담 신청

- 홈페이지: privacy.kisa.or.kr
- 전화: (국번 없이) 118
- 주소: (138-950) 서울시 송파구 중대로 135 한국인터넷진흥원 개인정보 침해신고센터

② 개인정보 분쟁조정위원회

- 운영: 한국인터넷진흥원
- 소관업무: 개인정보 분쟁조정 신청, 집단 분쟁조정(민사적 해결)
- 홈페이지: privacy.kisa.or.kr
- 전화: (국번 없이) 118
- 주소: (138-950) 서울시 송파구 중대로 135 한국인터넷진흥원 개인정보 침해신고센터

③ 대검찰청 사이버범죄수사단

- 운영: 대검찰청
- 소관업무: 사이버범죄수사에 대한 종합적 · 원스톱 지원
- 홈페이지: cybercid.spo.go.kr
- 전화: 02-3480-3573
- 주소: (137-730) 서울특별시 서초구 반포대로 157

④ 경찰청 사이버안전국

- 운영: 경찰청
- 소관업무: 사이버범죄 처리 및 상담, 예방정보제공
- 홈페이지: www.netan.go.kr
- 전화: 1566-0112
- 주소: (120-704) 서울특별시 서대문구 통일로 97

출처: 국립중앙도서관(2014), 국립중앙도서관 개인정보 침해 · 유출사고 대응지침

Chapter 08 개인정보의 처리

Q 69 '개인정보 처리방침'에는 어떤 내용이 포함되어야 합니까?

A 개인정보 처리자는 「개인정보 보호법」 제30조에 따라 다음 사항이 포함된 '개인정보 처리방침'을 정하여야 합니다.

• 「개인정보 보호법」 제30조제1항

① 개인정보 처리자는 다음 각 호의 사항이 포함된 개인정보의 처리방침(이하 "개인정보 처리방침"이라 한다)을 정하여야 한다. 이 경우 공공기관은 제32조에 따라 등록대상이 되는 개인정보파일에 대하여 개인정보 처리방침을 정한다.

1. 개인정보의 처리 목적
2. 개인정보의 처리 및 보유 기간
3. 개인정보의 제3자 제공에 관한 사항(해당되는 경우에만 정한다)
4. 개인정보 처리의 위탁에 관한 사항(해당되는 경우에만 정한다)
5. 정보주체의 권리·의무 및 그 행사방법에 관한 사항
6. 그 밖에 개인정보의 처리에 관하여 대통령령으로 정한 사항

※ 필수적 기재사항 이외에 ① 정보주체의 권익침해에 대한 구제방법, ② 개인정보의 열람청구는 접수·처리부서를 '개인정보 처리방침'에 포함할 수 있습니다. 공공기관은 등록대상이 되는 개인정보파일에 대하여 '개인정보 처리방침'을 정하여야 합니다.

※ '개인정보 처리방침' 작성 시 주의사항

① 개인정보의 처리 목적에 필요한 최소한의 개인정보라는 점을 밝혀야 합니다.

② 목적에 필요한 최소한의 개인정보 이외에 개인별 맞춤서비스 등을 위하여 처리하는 개인정보의 항목이 있는 경우에는 양자를 구별하여 표시하여야 합니다.

Q 70 '개인정보 처리방침'의 작성 예시가 있습니까?

A ▶ 개인정보보호 종합지원 포털은 3종(공공기관용 및 소상공인용, 민간용)의 '개인정보 처리방침 작성 예시'를 제공하고 있습니다.

포털을 통해 제공되는 예시 중 '공공기관용 개인정보 처리방침' 작성 예시에는 '개인정보 처리방침'에 기재해야 할 사항이 다음과 같이 제시되고 있습니다.

'개인정보 처리방침' 기재사항

구분	내용
필수적 기재사항	1. 개인정보의 처리 목적 2. 개인정보의 처리 및 보유 기간 3. 개인정보의 제3자 제공에 관한 사항(해당되는 경우에만 정함) 4. 개인정보 처리의 위탁에 관한 사항(해당되는 경우에만 정함) 5. 정보주체의 권리·의무 및 그 행사방법에 관한 사항 6. 처리하는 개인정보의 항목 7. 개인정보의 파기에 관한 사항 8. 개인정보 보호책임자에 관한 사항 9. 개인정보 처리방침의 변경에 관한 사항 10. 개인정보의 안전성 확보조치에 관한 사항
임의적 기재사항	1. 정보주체의 권익침해에 대한 구제방법 2. 개인정보의 열람청구를 접수·처리하는 부서 3. 영상정보처리기기 운영·관리에 관한 사항(「개인정보 보호법」 제25조제7항에 따른 '영상정보처리기기 운영·관리방침'을 '개인정보 처리방침'에 포함하여 정하는 경우)

※ 필수적 기재사항이란 「개인정보 보호법」 제30조, 「개인정보 보호법 시행령」 제31조, 「표준 개인정보 보호지침」 제37조에 따라 '개인정보 처리방침'에 반드시 모두 포함해야 하는 사항입니다.

※ 임의적 기재사항이란 '개인정보 처리방침'에 포함시킬지 여부를 공공기관 스스로가 개인정보 처리 현황을 고려하여 자율적으로 정할 수 있는 사항입니다.

Q 71 '개인정보 처리방침' 공개는 어떠한 방법으로 하여야 합니까?

A 「개인정보 보호법 시행령」 제31조에 따라 '개인정보 처리방침'을 수립하거나 변경하는 경우에는 개인정보 처리자의 인터넷 홈페이지에 지속적으로 게재하여야 하는데, 인터넷 홈페이지에 게재할 수 없는 경우에는 다음의 방법 가운데 하나 이상의 방법으로 공개하여야 합니다.

• 「개인정보 보호법 시행령」 제31조제3항

개인정보 처리방침의 내용 및 공개방법 등

1. 개인정보 처리자의 사업장등의 보기 쉬운 장소에 게시하는 방법
2. 관보(개인정보 처리자가 공공기관인 경우만 해당한다)나 개인정보 처리자의 사업장등이 있는 시·도 이상의 지역을 주된 보급지역으로 하는 「신문 등의 진흥에 관한 법률」 제2조제1호가목·다목 및 같은 조 제2호에 따른 일반일간신문, 일반주간신문 또는 인터넷신문에 싣는 방법
3. 같은 제목으로 연 2회 이상 발행하여 정보주체에게 배포하는 간행물·소식지·홍보지 또는 청구서 등에 지속적으로 싣는 방법
4. 재화나 용역을 제공하기 위하여 개인정보 처리자와 정보주체가 작성한 계약서 등에 실어 정보주체에게 발급하는 방법

이 경우 '개인정보 처리방침'이라는 명칭을 사용하되, 글자 크기, 색상 등을 활용하여 다른 고지사항과 구분함으로써 정보주체가 쉽게 확인할 수 있도록 하여야 합니다.

'개인정보 처리방침'을 변경하는 경우에는 변경 및 시행의 시기, 변

경된 내용을 지속적으로 공개하고, 변경된 내용은 정보주체가 쉽게 확인할 수 있도록 변경 전·후를 비교하여 공개하여야 합니다.

Q 72 수집한 개인정보를 제3자에게 제공하는 것과 제3자에게 취급위탁하는 경우의 차이는 무엇입니까?

A '제공'은 제3자의 목적을 위해 개인정보를 제공하는 것으로 정보주체에게 목적을 알리고 동의를 받아야 합니다.

'위탁'은 개인정보 처리자의 목적을 위해 개인정보 수집·처리·이용의 업무를 제3자에게 맡기는 것을 의미합니다.

「개인정보 보호법」 제18조, 제26조에서 '제3자에 대한 제공'과 '제3자에 대한 업무위탁'을 각각 별도로 규정하고 있습니다.

개인정보의 '제3자 제공'이란 개인정보를 제공받는 자(제3자)의 목적을 위해 사용할 수 있도록 개인정보를 제3자에게 제공하는 것을 말합니다. 이에 따라서 개인정보를 제3자에게 제공하는 경우에는 '제공받는 자의 이용목적'을 정보주체에게 알리고 동의를 받아야 합니다.

반면에, '위탁'은 법률행위나 사무의 처리를 다른 사람에게 맡겨 부탁하는 것을 말하는 것으로, 개인정보의 '업무위탁'이란 전산관리 위탁서비스(시스템, DB 개발 등) 등과 같이 개인정보 처리자의 목적을 위해 개인정보의 수집·처리·이용 등의 업무를 제3자에게 맡기는 것을 말합니다.

개인정보의 처리를 제3자에게 위탁하는 경우에는 '업무위탁을 하는 업무의 내용'을 알리고 홈페이지 등에 공개해야 합니다. 다만, 홍보판매 목적으로 위탁하는 경우에는 정보주체에게 통지(고지)하여야 합니다.

기타 개인정보의 업무위탁 사례는 다음과 같습니다.

• 기타 개인정보의 업무위탁 사례

① 개인정보 포함자료의 출력을 출판사·인쇄소에 맡기는 경우
② 외부업체(DM업체 등)를 이용한 재학생 성적표 등의 우편발송업무
③ 학생증·졸업앨범 등의 외주제작
④ 입시업무 대행업체를 통한 입학원서 접수
⑤ 외주업체에 의한 도서관 전산화 패키지(KOLAS)의 유지보수
⑥ 개인정보 보유 정보시스템(홈페이지 등) 개편 용역사업
⑦ 홈페이지 웹호스팅의 경우
⑧ 단체여행 시 여행자보험 가입을 여행사에 위탁하는 경우
⑨ 방과후 활동을 외부업체와 계약하는 경우

Q 73 개인정보 처리업무를 위탁하는 경우, 그 형식에 제한이 있습니까?

A 「개인정보 보호법」 제26조에 따라 다음의 내용이 포함된 문서에 의하여야 합니다. 개인정보 처리업무위탁에 관하여 별도의 문서서식은 없습니다.

① 위탁업무 수행 목적 외 개인정보의 처리 금지에 관한 사항
② 개인정보의 기술적·관리적 보호조치에 관한 사항
③ 그 밖에 개인정보의 안전한 관리를 위하여 대통령령으로 정한 사항

「개인정보 보호법」 제26조에 따라 개인정보 처리자가 제3자에게 개인정보의 처리업무를 위탁하는 경우 다음의 내용이 포함된 문서에 의하여야 합니다.

• 「개인정보 보호법」 제26조

업무위탁에 따른 개인정보의 처리 제한

① 개인정보 처리자가 제3자에게 개인정보의 처리 업무를 위탁하는 경우에는 다음 각 호의 내용이 포함된 문서에 의하여야 한다.
1. 위탁업무 수행 목적 외 개인정보의 처리 금지에 관한 사항
2. 개인정보의 기술적·관리적 보호조치에 관한 사항
3. 그 밖에 개인정보의 안전한 관리를 위하여 대통령령으로 정한 사항

• 「개인정보 보호법 시행령」 제28조

개인정보의 처리 업무 위탁 시 조치

① 법 제26조제1항제3호에서 "대통령령으로 정한 사항"이란 다음 각 호의 사항을 말한다.

1. 위탁업무의 목적 및 범위
2. 재위탁 제한에 관한 사항
3. 개인정보에 대한 접근 제한 등 안전성 확보 조치에 관한 사항
4. 위탁업무와 관련하여 보유하고 있는 개인정보의 관리 현황 점검 등 감독에 관한 사항
5. 법 제26조제2항에 따른 수탁자(이하 "수탁자"라 한다)가 준수하여야 할 의무를 위반한 경우의 손해배상 등 책임에 관한 사항

Q 74 개인정보 처리업무를 위탁하는 경우, 공개해야 하는 사항과 위탁 사실을 공개하는 방법은 무엇입니까?

A ▸ 개인정보의 처리업무를 위탁한 개인정보 처리자는 위탁하는 업무의 내용과 수탁자의 정보를 정보주체가 언제든지 쉽게 확인할 수 있도록 위탁기관의 인터넷 홈페이지에 지속적으로 공개하여 알려야 합니다.

• 「개인정보 보호법 시행령」 제31조

개인정보 처리방침의 내용 및 공개방법 등

① 법 제30조제1항제6호에서 "대통령령으로 정한 사항"이란 다음 각 호의 사항을 말한다.

1. 처리하는 개인정보의 항목
2. 개인정보의 파기에 관한 사항
3. 제30조에 따른 개인정보의 안전성 확보 조치에 관한 사항

② 개인정보 처리자는 법 제30조제2항에 따라 수립하거나 변경한 개인정보 처리방침을 개인정보 처리자의 인터넷 홈페이지에 지속적으로 게재하여야 한다.

③ 제2항에 따라 인터넷 홈페이지에 게재할 수 없는 경우에는 다음 각 호의 어느 하나 이상의 방법으로 수립하거나 변경한 개인정보 처리방침을 공개하여야 한다.

1. 개인정보 처리자의 사업장등의 보기 쉬운 장소에 게시하는 방법
2. 관보(개인정보 처리자가 공공기관인 경우만 해당한다)나 개인정보 처리자의 사업장등이 있는 시·도 이상의 지역을 주된 보급지역으로 하는 「신문 등의 진흥에 관한 법률」 제2조제1호가목·다목 및 같은 조 제2호에 따른 일반일간신문, 일반주간신문 또는 인터넷신문에 싣는 방법
3. 같은 제목으로 연 2회 이상 발행하여 정보주체에게 배포하는 간행물·소식지·홍보지 또는 청구서 등에 지속적으로 싣는 방법
4. 재화나 용역을 제공하기 위하여 개인정보 처리자와 정보주체가 작성한 계약서 등에 실어 정보주체에게 발급하는 방법

Q 75 개인정보 처리업무를 위탁하여 위탁업체를 관리·감독할 경우 필수적으로 조치해야 할 사항은 무엇입니까?

A 「개인정보 보호법」 제28조에 따라 위탁자는 업무위탁으로 인하여 정보주체의 개인정보가 분실·도난·유출·변조 또는 훼손되지 않도록 수탁자를 교육하고, 처리 현황 점검 등 대통령령으로 정하는 바에 따라 수탁자가 개인정보를 안전하게 처리하는지를 감독하여야 합니다.

• 「개인정보 보호법 시행령」 제28조

개인정보의 처리 업무 위탁 시 조치

① 법 제26조제1항제3호에서 "대통령령으로 정한 사항"이란 다음 각 호의 사항을 말한다.

1. 위탁업무의 목적 및 범위
2. 재위탁 제한에 관한 사항
3. 개인정보에 대한 접근 제한 등 안전성 확보 조치에 관한 사항
4. 위탁업무와 관련하여 보유하고 있는 개인정보의 관리 현황 점검 등 감독에 관한 사항
5. 법 제26조제2항에 따른 수탁자(이하 "수탁자"라 한다)가 준수하여야 할 의무를 위반한 경우의 손해배상 등 책임에 관한 사항

② 법 제26조제2항에서 "대통령령으로 정하는 방법"이란 개인정보 처리 업무를 위탁하는 개인정보 처리자(이하 "위탁자"라 한다)가 위탁자의 인터넷 홈페이지에 위탁하는 업무의 내용과 수탁자를 지속적으로 게재하는 방법

을 말한다.

③ 제2항에 따라 인터넷 홈페이지에 게재할 수 없는 경우에는 다음 각 호의 어느 하나 이상의 방법으로 위탁하는 업무의 내용과 수탁자를 공개하여야 한다.

1. 위탁자의 사업장등의 보기 쉬운 장소에 게시하는 방법
2. 관보(위탁자가 공공기관인 경우만 해당한다)나 위탁자의 사업장등이 있는 시・도 이상의 지역을 주된 보급지역으로 하는 「신문 등의 진흥에 관한 법률」 제2조제1호가목・다목 및 같은 조 제2호에 따른 일반일간신문, 일반주간신문 또는 인터넷신문에 싣는 방법
3. 같은 제목으로 연 2회 이상 발행하여 정보주체에게 배포하는 간행물・소식지・홍보지 또는 청구서 등에 지속적으로 싣는 방법
4. 재화나 용역을 제공하기 위하여 위탁자와 정보주체가 작성한 계약서 등에 실어 정보주체에게 발급하는 방법

④ 법 제26조제3항 전단에서 "대통령령으로 정하는 방법"이란 서면, 전자우편, 팩스, 전화, 문자전송 또는 이에 상당하는 방법(이하 "서면등의 방법"이라 한다)을 말한다.

⑤ 위탁자가 과실 없이 제4항에 따른 방법으로 위탁하는 업무의 내용과 수탁자를 정보주체에게 알릴 수 없는 경우에는 해당 사항을 인터넷 홈페이지에 30일 이상 게재하여야 한다. 다만, 인터넷 홈페이지를 운영하지 아니하는 위탁자의 경우에는 사업장등의 보기 쉬운 장소에 30일 이상 게시하여야 한다.

⑥ 위탁자는 수탁자가 개인정보 처리 업무를 수행하는 경우에 법 또는 이 영에 따라 개인정보 처리자가 준수하여야 할 사항과 법 제26조제1항 각 호의 사항을 준수하는지를 같은 조 제4항에 따라 감독하여야 한다.

Q 76 도서관 행사 홍보를 위해 개인정보를 가공하여 제3자(SMS 발송 대행업체)에게 의뢰하는데, 이를 위해 매 행사마다 정보활용 동의를 받아야 합니까?

A 미리 행사에 대해 알렸다면 동의를 받지 않아도 되지만, 그러지 아니한 경우 매번 동의가 필요합니다.

「개인정보 보호법」 제17조에 따라 정보주체의 동의를 받거나 개인정보를 수집한 목적범위 내에서 개인정보를 제공하는 경우 개인정보

를 제3자에게 제공·공유할 수 있습니다. 또한 동의내용에 대해서 정보주체에게 알려야 합니다.

• 「개인정보 보호법」 제17조

개인정보의 제공

① 개인정보 처리자는 다음 각 호의 어느 하나에 해당되는 경우에는 정보주체의 개인정보를 제3자에게 제공(공유를 포함한다. 이하 같다)할 수 있다.

1. 정보주체의 동의를 받은 경우
2. 제15조제1항제2호·제3호 및 제5호에 따라 개인정보를 수집한 목적 범위에서 개인정보를 제공하는 경우

② 개인정보 처리자는 제1항제1호에 따른 동의를 받을 때에는 다음 각 호의 사항을 정보주체에게 알려야 한다. 다음 각 호의 어느 하나의 사항을 변경하는 경우에도 이를 알리고 동의를 받아야 한다.

1. 개인정보를 제공받는 자
2. 개인정보를 제공받는 자의 개인정보 이용 목적
3. 제공하는 개인정보의 항목
4. 개인정보를 제공받는 자의 개인정보 보유 및 이용 기간
5. 동의를 거부할 권리가 있다는 사실 및 동의 거부에 따른 불이익이 있는 경우에는 그 불이익의 내용

③ 개인정보 처리자가 개인정보를 국외의 제3자에게 제공할 때에는 제2항 각 호에 따른 사항을 정보주체에게 알리고 동의를 받아야 하며, 이 법을 위반하는 내용으로 개인정보의 국외 이전에 관한 계약을 체결하여서는 아니 된다.

Chapter 09 개인정보의 안전한 관리 및 영향평가

Q 77 개인정보의 안전성 확보를 위해 개인정보 처리자가 취해야 할 조치에는 어떤 것이 있습니까?

A 개인정보 처리자는 「개인정보 보호법」 제29조에 따라 개인정보가 분실·도난·유출·변조 또는 훼손되지 아니하도록 내부관리계획 수립, 접속기록 보관 등 대통령령으로 정하는 바에 따라 안전성 확보에 필요한 기술적·관리적 및 물리적 조치를 하여야 합니다. 또한 개인정보의 안전한 처리를 위하여 「개인정보의 안전성 확보조치 기준」 제3조(내부관리계획의 수립·시행)에 따라 내부관리계획을 수립·시행하여야 합니다.

• 「개인정보의 안전성 확보조치 기준」 제3조

내부관리계획의 수립·시행

1. 개인정보의 안전한 처리를 위한 내부관리계획의 수립·시행
2. 개인정보에 대한 접근통제 및 접근권한의 제한 조치
3. 개인정보를 안전하게 저장·전송할 수 있는 암호화기술의 적용 또는 이에 상응하는 조치
4. 개인정보 침해사고 발생에 대응하기 위한 접속기록의 보관 및 위조·변조 방지를 위한 조치
5. 개인정보에 대한 보안프로그램의 설치 및 갱신
6. 개인정보의 안전한 보관을 위한 보관시설의 마련 또는 잠금장치의 설치 등 물리적 조치

Q 78 개인정보파일을 등록해야 하는 기준은 어떻게 됩니까?

A 「표준 개인정보 보호지침」 제56조에서는 다음과 같이 개인정보파일의 등록 및 변경 신청에 대해 제시하고 있습니다.

• 「표준 개인정보 보호지침」 제56조

개인정보파일 등록 및 변경 신청

① 개인정보파일을 운용하는 공공기관의 개인정보취급자는 해당 공공기관의 개인정보 보호책임자에게 개인정보파일 등록을 신청하여야 한다.

② 개인정보파일 등록 신청 사항은 다음의 각 호와 같다. 신청은 「개인정보 보호법 시행규칙」(이하 "시행규칙"이라 한다) 제3조제2항에 따른 별지 제2호 서식의 '개인정보파일 등록·변경등록 신청서'를 활용할 수 있다.

1. 개인정보파일을 운용하는 공공기관의 명칭
2. 개인정보파일의 명칭
3. 개인정보파일의 운영 근거 및 목적
4. 개인정보파일에 기록되는 개인정보의 항목
5. 개인정보파일로 보유하고 있는 개인정보의 정보주체 수
6. 개인정보의 처리방법
7. 개인정보의 보유기간
8. 개인정보를 통상적 또는 반복적으로 제공하는 경우에는 그 제공받는 자
9. 해당 공공기관에서 개인정보 처리 관련 업무를 담당하는 부서
10. 개인정보의 열람 요구를 접수·처리하는 부서
11. 개인정보파일의 개인정보 중 법 제35조제4항에 따라 열람을 제한하거나 거절할 수 있는 개인정보의 범위 및 제한 또는 거절 사유
12. 법 제33조제1항에 따른 개인정보 영향평가를 받은 개인정보파일의 경우에는 그 영향평가의 결과

③ 개인정보취급자는 등록한 사항이 변경된 경우에는 시행규칙 제3조제2항에 따른 별지 제2호 서식의 '개인정보파일 등록·변경등록 신청서'를 활용하여 개인정보 보호책임자에게 변경을 신청하여야 한다.

Q 79 개인정보파일은 모두 관리대장에 기록하고 관리해야 합니까?

A 「표준 개인정보 보호지침」 제62조(개인정보파일대장 작성)에 따라

공공기관은 1개의 개인정보파일에 1개의 개인정보파일대장을 작성해야 합니다. 따라서 개인정보파일은 모두 개인정보파일 대장에 기록·관리해야 합니다.

「표준 개인정보 보호지침」 제63조(개인정보파일 이용·제공 관리)에 따라 공공기관은 제3자가 개인정보파일의 이용·제공을 요청한 경우에는 각각의 이용·제공가능 여부를 확인하고 '개인정보목적 외 이용·제공대장'에 기록하여 관리해야 합니다.

만약, 개인정보를 목적 외의 용도로 이용하거나 이를 제3자에게 제공하는 경우에는 공공기관은 「개인정보 보호법 시행령」 제15조에 따라 다음 각 호의 사항을 행정자치부령으로 정하는 개인정보의 목적 외 이용 및 제3자 제공대장(「개인정보 보호법 시행규칙」 [별지 제1호 서식] '개인정보의 목적 외 이용 및 제3자 제공대장')에 기록하고 관리하여야 합니다(개정 2013.3.23, 2014.11.19).

- 「개인정보 보호법 시행령」 제15조

개인정보의 목적 외 이용 또는 제3자 제공의 관리

1. 이용하거나 제공하는 개인정보 또는 개인정보파일의 명칭
2. 이용기관 또는 제공받는 기관의 명칭
3. 이용 목적 또는 제공받는 목적
4. 이용 또는 제공의 법적 근거
5. 이용하거나 제공하는 개인정보의 항목
6. 이용 또는 제공의 날짜, 주기 또는 기간
7. 이용하거나 제공하는 형태
8. 법 제18조제5항에 따라 제한을 하거나 필요한 조치를 마련할 것을 요청한 경우에는 그 내용

Q 80 개인정보 영향평가의 대상에는 어떤 것이 있습니까?

A 「개인정보 보호법」 제33조는 개인정보 영향평가에 대한 항목을 제시하고 있으며, 이에 따라 영향평가의 대상을 제시할 수 있습니다.

「개인정보 보호법 시행령」 제35조에서 개인정보 영향평가의 대상을 다음과 같이 제시하고 있습니다.

• 「개인정보 보호법 시행령」 제35조

개인정보 영향평가의 대상

1. 구축·운용 또는 변경하려는 개인정보파일로서 5만명 이상의 정보주체에 관한 법 제23조에 따른 민감정보(이하 "민감정보"라 한다) 또는 고유식별정보의 처리가 수반되는 개인정보파일
2. 구축·운용하고 있는 개인정보파일을 해당 공공기관 내부 또는 외부에서 구축·운용하고 있는 다른 개인정보파일과 연계하려는 경우로서 연계 결과 50만명 이상의 정보주체에 관한 개인정보가 포함되는 개인정보파일
3. 구축·운용 또는 변경하려는 개인정보파일로서 100만명 이상의 정보주체에 관한 개인정보파일
4. 법 제33조제1항에 따른 개인정보 영향평가(이하 "영향평가"라 한다)를 받은 후에 개인정보 검색체계 등 개인정보파일의 운용체계를 변경하려는 경우 그 개인정보파일. 이 경우 영향평가 대상은 변경된 부분으로 한정한다.

공공기관의 장은 대통령령으로 정하는 기준에 해당하는 개인정보파일의 운용으로 인하여 정보주체의 개인정보 침해가 우려되는 경우에는 그 위험요인의 분석과 개선 사항 도출을 위한 평가(이하 "영향평가"라 한다)를 하고 그 결과를 행정자치부장관에게 제출해야 합니다.

• 「개인정보 보호법」 제33조

개인정보 영향평가

① 공공기관의 장은 대통령령으로 정하는 기준에 해당하는 개인정보파일의 운용으로 인하여 정보주체의 개인정보 침해가 우려되는 경우에는 그 위험요인의 분석과 개선 사항 도출을 위한 평가(이하 "영향평가"라 한다)를 하고 그 결과를 행정자치부장관에게 제출하여야 한다. 이 경우 공공기관의 장은 영향평가를 행정자치부장관이 지정하는 기관(이하 "평가기관"이라 한다) 중에서 의뢰하여야 한다. <개정 2013.3.23, 2014.11.19>

② 영향평가를 하는 경우에는 다음 각 호의 사항을 고려하여야 한다.

1. 처리하는 개인정보의 수
2. 개인정보의 제3자 제공 여부

3. 정보주체의 권리를 해할 가능성 및 그 위험 정도
4. 그 밖에 대통령령으로 정한 사항

Q 81 현재 개인정보파일을 운용 중에 있는데, 개인정보 영향평가를 반드시 받아야 합니까?

A 「개인정보 보호법」 제33조에 따라 개인정보파일의 운용으로 인하여 정보주체의 개인정보 침해가 우려되는 경우 영향평가를 시행하도록 하고 있습니다.

• 「개인정보 보호법」 제33조

개인정보 영향평가

① 공공기관의 장은 대통령령으로 정하는 기준에 해당하는 개인정보파일의 운용으로 인하여 정보주체의 개인정보 침해가 우려되는 경우에는 그 위험요인의 분석과 개선 사항 도출을 위한 평가(이하 "영향평가"라 한다)를 하고 그 결과를 행정자치부장관에게 제출하여야 한다. 이 경우 공공기관의 장은 영향평가를 행정자치부장관이 지정하는 기관(이하 "평가기관"이라 한다) 중에서 의뢰하여야 한다. <개정 2013.3.23, 2014.11.19>

② 영향평가를 하는 경우에는 다음 각 호의 사항을 고려하여야 한다.

1. 처리하는 개인정보의 수
2. 개인정보의 제3자 제공 여부
3. 정보주체의 권리를 해할 가능성 및 그 위험 정도
4. 그 밖에 대통령령으로 정한 사항

③ 행정자치부장관은 제1항에 따라 제출받은 영향평가 결과에 대하여 보호위원회의 심의·의결을 거쳐 의견을 제시할 수 있다. <개정 2013.3.23, 2014.11.19>

④ 공공기관의 장은 제1항에 따라 영향평가를 한 개인정보파일을 제32조제1항에 따라 등록할 때에는 영향평가 결과를 함께 첨부하여야 한다.

⑤ 행정자치부장관은 영향평가의 활성화를 위하여 관계 전문가의 육성, 영향평가 기준의 개발·보급 등 필요한 조치를 마련하여야 한다. <개정 2013.3.23, 2014.11.19>

⑥ 제1항에 따른 평가기관의 지정기준 및 지정취소, 평가기준, 영향평가의 방법·절차 등에 관하여 필요한 사항은 대통령령으로 정한다.

⑦ 국회, 법원, 헌법재판소, 중앙선거관리위원회(그 소속 기관을 포함한다)의 영향평가에 관한 사항은 국회규칙, 대법원규칙, 헌법재판소규칙 및 중앙선거관리위원회규칙으로 정하는 바에 따른다.

⑧ 공공기관 외의 개인정보 처리자는 개인정보파일 운용으로 인하여 정보주체의 개인정보 침해가 우려되는 경우에는 영향평가를 하기 위하여 적극 노력하여야 한다.

만약, 「개인정보 보호법」 시행 당시 이전에 개인정보파일을 운용하고 있거나, 운용할 목적으로 개인정보파일을 구축하고 있는 공공기관의 장은 이 영 시행일로부터 5년 이내에 영향평가를 실시하여야 합니다. 그리고 그 결과를 행정자치부장관에게 제출해야 한다고 「개인정보 보호법 시행령」 부칙 <대통령령 제23169호, 2011.9.29> 제6조에서 명시하고 있습니다.

Chapter 10 정보주체의 권리보장

Q 82 개인정보 열람절차는 어떻게 됩니까?

A 「개인정보 보호법 시행령」 제41조(개인정보의 열람절차 등)는 개인정보 열람절차를 다음과 같이 제시하고 있습니다.

• 「개인정보 보호법 시행령」 제41조

개인정보의 열람절차 등

① 정보주체는 법 제35조제1항 및 제2항에 따라 자신의 개인정보에 대한 열람을 요구하려는 경우에는 행정자치부령으로 정하는 바에 따라 다음 각 호의 사항 중 열람하려는 사항을 표시한 개인정보 열람요구서를 개인정보 처리자에게 제출하여야 한다. <개정 2013.3.23, 2014.11.19>

1. 개인정보의 항목 및 내용
2. 개인정보의 수집·이용의 목적
3. 개인정보 보유 및 이용 기간
4. 개인정보의 제3자 제공 현황
5. 개인정보 처리에 동의한 사실 및 내용

② 정보주체가 법 제35조제2항에 따라 행정자치부장관을 통하여 자신의 개인정보에 대한 열람을 요구하려는 경우에는 제1항에 따른 개인정보 열람요구서를 행정자치부장관에게 제출하여야 한다. 이 경우 행정자치부장관은 지체 없이 그 개인정보 열람요구서를 해당 공공기관에 이송하여야 한다. <개정 2013.3.23, 2014.11.19>

③ 법 제35조제3항 전단에서 "대통령령으로 정하는 기간"이란 10일을 말한다.

④ 개인정보 처리자는 제1항에 따른 개인정보 열람요구서를 받은 날부터 10일 이내에 정보주체에게 해당 개인정보를 열람할 수 있도록 하는 경우와

제42조제1항에 따라 열람 요구 사항 중 일부를 열람하게 하는 경우에는 열람할 개인정보와 열람이 가능한 날짜 · 시간 및 장소 등(제42조제1항에 따라 열람 요구 사항 중 일부만을 열람하게 하는 경우에는 그 사유와 이의 제기방법을 포함한다)을 행정자치부령으로 정하는 열람통지서로 해당 정보주체에게 알려야 한다. <개정 2013.3.23, 2014.11.19>

Q 83 개인정보 정정 · 삭제의 절차와 방법은 어떻게 됩니까?

A 정보주체로부터 정정 · 삭제요구를 받은 즉시 요구에 따라 처리하고 그 결과를 정보주체에게 알려야 합니다. 개인정보 정정 · 삭제의 절차와 방법은 「개인정보 보호법」 제36조에 다음과 같이 제시되어 있습니다.

• 「개인정보 보호법」 제36조

개인정보의 정정 · 삭제

① 제35조에 따라 자신의 개인정보를 열람한 정보주체는 개인정보 처리자에게 그 개인정보의 정정 또는 삭제를 요구할 수 있다. 다만, 다른 법령에서 그 개인정보가 수집 대상으로 명시되어 있는 경우에는 그 삭제를 요구할 수 없다.

② 개인정보 처리자는 제1항에 따른 정보주체의 요구를 받았을 때에는 개인정보의 정정 또는 삭제에 관하여 다른 법령에 특별한 절차가 규정되어 있는 경우를 제외하고는 지체 없이 그 개인정보를 조사하여 정보주체의 요구에 따라 정정 · 삭제 등 필요한 조치를 한 후 그 결과를 정보주체에게 알려야 한다.

③ 개인정보 처리자가 제2항에 따라 개인정보를 삭제할 때에는 복구 또는 재생되지 아니하도록 조치하여야 한다.

④ 개인정보 처리자는 정보주체의 요구가 제1항 단서에 해당될 때에는 지체 없이 그 내용을 정보주체에게 알려야 한다.

⑤ 개인정보 처리자는 제2항에 따른 조사를 할 때 필요하면 해당 정보주체에게 정정 · 삭제 요구사항의 확인에 필요한 증거자료를 제출하게 할 수 있다.

⑥ 제1항 · 제2항 및 제4항에 따른 정정 또는 삭제 요구, 통지 방법 및 절차 등에 필요한 사항은 대통령령으로 정한다.

Q 84 정보주체가 자신의 개인정보에 대한 열람, 정정 · 삭제, 처리정지를 요구하여 그에 대해 10일 이내에 조치한 후, 조치한 결과를 정보주체에게 서면으로 알려 주어야 합니까?

A 「개인정보 보호법 시행령」 제43조에 따라 개인정보 처리자는 정보주체에게 개인정보 정정 · 삭제 요구서를 받은 날부터 10일 이내에 「개인정보 보호법」 제36조제2항에 따라 해당 개인정보의 정정 · 삭제 등의 조치를 한 경우에는 그 조치를 한 사실을, 「개인정보 보호법」 제36조제1항 단서에 해당하여 삭제 요구에 따르지 아니한 경우에는 그 사실 및 이유와 이의제기방법을 행정자치부령으로 정하는 개인정보 정정 · 삭제 결과 통지서(「개인정보 보호법 시행규칙」 [별지 제10호 서식] '개인정보 정정 · 삭제 요구에 대한 결과 통지서')로 해당 정보주체에게 알려야 합니다.

「개인정보 보호법 시행규칙」 [별지 제10호 서식]

개인정보 ([ ] 정정 · 삭제, [ ] 처리정지) 요구에 대한 결과 통지서

수신자 (우편번호: 주소:)

요구내용	
□ 정정 · 삭제 □ 처리정지 조치내용	
□ 정정 · 삭제 □ 처리정지 결정사유	
이의제기방법	※ 개인정보 처리자는 이의제기방법을 기재합니다.

「개인정보 보호법」 제36조제6항 및 같은 법 시행령 제43조제3항 또는 같은 법 제37조제5항 및 같은 법 시행령 제44조제2항에 따라 귀하의 요구에 대한 결과를 위와 같이 통지합니다.

년 월 일

발 신 명 의 [직인]

유의사항

개인정보의 정정 · 삭제 또는 처리정지 요구에 대한 결정을 통지받은 경우에는 개인정보 처리자가 '이의제기방법'란에 적은 방법으로 이의제기를 할 수 있습니다.

210mm×297mm[신문용지 54g/m^2]

Q 85 정보주체의 개인정보 처리정지 요구를 거절할 수 있는 경우는 언제입니까?

A 개인정보 처리자는 정보주체로부터 개인정보 처리정지 요구를 받을 경우 지체 없이 정보주체의 요구에 따라 개인정보 처리의 전부를 정지하거나 일부를 정지하여야 함을 원칙으로 하나 「개인정보 보호법」 제37조(개인정보의 처리정지 등)제2항에 제시되어 있는 사항에 해당하는 경우에는 거절할 수 있습니다.

• 「개인정보 보호법」 제37조

개인정보의 처리정지 등

② 개인정보 처리자는 제1항에 따른 요구를 받았을 때에는 지체 없이 정보주체의 요구에 따라 개인정보처리의 전부를 정지하거나 일부를 정지하여야 한다. 다만, 다음 각 호의 어느 하나에 해당하는 경우에는 정보주체의 처리정지 요구를 거절할 수 있다.

1. 법률에 특별한 규정이 있거나 법령상 의무를 준수하기 위하여 불가피한 경우
2. 다른 사람의 생명·신체를 해할 우려가 있거나 다른 사람의 재산과 그 밖의 이익을 부당하게 침해할 우려가 있는 경우
3. 공공기관이 개인정보를 처리하지 아니하면 다른 법률에서 정하는 소관 업무를 수행할 수 없는 경우
4. 개인정보를 처리하지 아니하면 정보주체와 약정한 서비스를 제공하지 못하는 등 계약의 이행이 곤란한 경우로서 정보주체가 그 계약의 해지 의사를 명확하게 밝히지 아니한 경우

Q 86 개인정보 분쟁조정은 어디에서 신청할 수 있습니까?

A 개인정보와 관련한 분쟁조정을 원하는 경우에는 개인정보 분쟁조정위원회(Personal Information Dispute Mediation Committee, 전화: 02-405-4710, 홈페이지: www.kopico.or.kr)에 전화나 서면을 통해 조정을 신청할 수 있습니다.

「개인정보 보호법」은 개인정보와 관련한 분쟁을 신속하게 해결하기 위해 소송 외적 수단인 조정제도를 도입하고 있습니다. 개인정보와 관련한 분쟁이 있는 경우 누구나 개인정보 분쟁조정위원회에 전화나 서면을 통해 조정을 신청할 수 있습니다. 위원회가 분쟁조정 신청을 받을 때에는 그 신청내용을 상대방에게 알리고 분쟁조정 신청을 받은 날로부터 60일 이내에 심사하여 조정안을 작성합니다. 만약 분쟁조정 중에 당사자 일방이 소송을 제기하게 되면, 조정 처리가 중지되고 이를 당사자에게 알려야 합니다.

조정안을 제시받은 당사자는 제시받은 날로부터 15일 이내에 조정안의 내용에 대한 수락 여부를 알려야 합니다. 수락 여부를 알리지 않은 경우에는 조정을 거부한 것으로 봅니다.

출처: 개인정보보호 종합지원 포털, 「개인정보 보호법」 적용 사례 상황별 맞춤서비스

Q 87 개인정보 침해 · 유출사고 발생에 대하여 개인정보 처리자에게 손해배상책임이 있습니까?

A 「개인정보 보호법」 제39조(손해배상책임)에 따라 개인정보 침해 · 유출사고로 정보주체가 손해를 입으면 개인정보 처리자에게 손해배상을 청구할 수 있으며, 개인정보 처리자는 고의 또는 과실이 없음을 입증할 책임이 있습니다.

손해배상책임이 성립되기 위한 요건은 다음과 같습니다.

① 개인정보 침해 · 유출행위가 존재하고 위법인 경우

② 정보주체에게 손해가 발생한 경우

③ 침해 · 유출행위와 손해발생 간에 인과관계가 있는 경우

④ 개인정보 처리자의 고의 · 과실 및 책임이 있는 경우

출처: 국립중앙도서관(2014), 국립중앙도서관 개인정보 침해 · 유출사고 대응지침

Q 88 개인정보 유출사고로 피해가 발생하였을 때 손해배상은 어떻게 합니까?

A 개인정보 유출사고로 인한 조정 신청은 「개인정보 보호법」 제43조에서 제시하는 바와 같이 할 수 있습니다.

• 「개인정보 보호법」 제43조

조정의 신청 등

① 개인정보와 관련한 분쟁의 조정을 원하는 자는 분쟁조정위원회에 분쟁조정을 신청할 수 있다.

② 분쟁조정위원회는 당사자 일방으로부터 분쟁조정 신청을 받았을 때에는 그 신청내용을 상대방에게 알려야 한다.

③ 공공기관이 제2항에 따른 분쟁조정의 통지를 받은 경우에는 특별한 사유가 없으면 분쟁조정에 응하여야 한다.

「개인정보 보호법」 제39조에서는 손해배상책임에 대해 제시하고 있습니다.

• 「개인정보 보호법」 제39조

손해배상책임

① 정보주체는 개인정보 처리자가 이 법을 위반한 행위로 손해를 입으면 개인정보 처리자에게 손해배상을 청구할 수 있다. 이 경우 그 개인정보 처리자는 고의 또는 과실이 없음을 입증하지 아니하면 책임을 면할 수 없다.

② 개인정보 처리자가 이 법에 따른 의무를 준수하고 상당한 주의와 감독을 게을리하지 아니한 경우에는 개인정보의 분실・도난・유출・변조 또는 훼손으로 인한 손해배상책임을 감경받을 수 있다.

「개인정보 보호법」 제47조(분쟁의 조정)와 제49조(집단분쟁조정)를 참고하여 조정처리와 그 결과에 대한 손해배상을 처리할 수 있습니다.

개인정보에 대한 단체소송의 경우 「개인정보 보호법」 제7장 '개인정보 단체소송'부터 다루고 있으며 제51조는 '단체소송의 대상' 등을 제시하여 해당 기관의 개인정보 유출사고에 대한 분쟁에 참고할 수 있습니다.

Q 89 개인정보 유출 시 기관 및 개인정보 취급자는 어떠한 책임을 지게 됩니까?

A 「개인정보 보호법」 제28조는 개인정보 취급자에 대한 감독내용을 다음과 같이 제시하고 있습니다.

• 「개인정보 보호법」 제28조

개인정보 취급자에 대한 감독

① 개인정보 처리자는 개인정보를 처리함에 있어서 개인정보가 안전하게 관리될 수 있도록 임직원, 파견근로자, 시간제근로자 등 개인정보 처리자의 지휘·감독을 받아 개인정보를 처리하는 자(이하 "개인정보 취급자"라 한다)에 대하여 적절한 관리·감독을 행하여야 한다.

② 개인정보 처리자는 개인정보의 적정한 취급을 보장하기 위하여 개인정보 취급자에게 정기적으로 필요한 교육을 실시하여야 한다.

개인정보 유출 등에 따른 벌칙은 「개인정보 보호법」 제9장 '벌칙'에서 다루어지고 있으며, 제70조(벌칙)부터 제75조(과태료)까지 포함됩니다.

「개인정보 보호법」 제70조에서는 공공기관의 개인정보 처리업무를 방해할 목적으로 공공기관에서 처리하고 있는 개인정보를 변경하거나 말소하여 공공기관의 업무 수행의 중단·마비 등 심각한 지장을 초래한 자는 10년 이하의 징역 또는 1억 원 이하의 벌금에 처한다고 제시하고 있습니다.

「개인정보 보호법」 제71조에서는 5년 이하의 징역, 5천만 원 이하의 벌금에 처하는 사항을 다음과 같이 제시하고 있습니다.

• 「개인정보 보호법」 제71조

벌칙
1. 제17조제1항제2호에 해당하지 아니함에도 같은 항 제1호를 위반하여 정보주체의 동의를 받지 아니하고 개인정보를 제3자에게 제공한 자 및 그 사정을 알고 개인정보를 제공받은 자
2. 제18조제1항 · 제2항, 제19조, 제26조제5항 또는 제27조제3항을 위반하여 개인정보를 이용하거나 제3자에게 제공한 자 및 그 사정을 알면서도 영리 또는 부정한 목적으로 개인정보를 제공받은 자
3. 제23조를 위반하여 민감정보를 처리한 자
4. 제24조제1항을 위반하여 고유식별정보를 처리한 자
5. 제59조제2호를 위반하여 업무상 알게 된 개인정보를 누설하거나 권한 없이 다른 사람이 이용하도록 제공한 자 및 그 사정을 알면서도 영리 또는 부정한 목적으로 개인정보를 제공받은 자
6. 제59조제3호를 위반하여 다른 사람의 개인정보를 훼손, 멸실, 변경, 위조 또는 유출한 자

이 외에도 제72조에서는 3년 이하의 징역 또는 3천만 원 이하의 벌금을, 제73조에서는 1천만 원 이하의 벌금을, 제74조는 양벌규정에 따라 7천만 원 이하의 벌금을 규정하고 있으며, 제75조는 5천만 원 이하의 과태료에 대해 규정하고 있습니다.

Chapter 11 개인정보의 인증

Q 90 도서관 홈페이지 회원가입 시, 주민등록번호 외에 별도의 본인확인방법을 제공해야 합니까?

A 2014년 8월 개정된 「개인정보 보호법」 제24조의2(주민등록번호 처리의 제한)제2항에 따라 주민등록번호를 이용한 방법 외 대체가입수단을 별도로 제공해야 합니다.

개인정보 처리자는 「개인정보 보호법」 제24조의2(주민등록번호 처리의 제한)에 따라 정보주체가 인터넷 홈페이지를 통하여 회원가입할 경우 주민등록번호를 사용하지 않고도 회원으로 가입할 수 있는 방법을 제공하여야 합니다.

대체가입수단은 '주민등록번호를 사용하지 않고도 회원으로 가입할 수 있는 방법'으로, 아이핀(I-PIN) 및 공인인증서, 전자서명, 휴대폰인증 등이 포함됩니다.

「표준 개인정보 보호지침」 제17조(주민등록번호 이외의 회원가입 방법 제공)에 따라 대체수단을 제공해야 하는 경우, 정보주체는 주민등록번호가 아닌 대체수단을 사용하여 회원으로 가입할 수 있다는 점을 회원가입 절차를 위한 화면을 통하여 명시적으로 알리고 회원가입을 받아야 하며, 이 경우 주민등록번호를 이용한 회원가입 방법과 대체수단을 이용한 회원가입 방법을 하나의 화면을 통하여 제공하여야 합니다.

Q 91 홈페이지에서 회원가입할 때 주민등록번호를 이용하여 실명확인을 할 수 있습니까?

A 「개인정보 보호법」 제24조의2(주민등록번호 처리의 제한)에 따라 개인정보 처리자는 법령에서 구체적으로 주민등록번호의 처리를 요구하거나 허용한 경우, 정보주체 또는 제3자의 급박한 생명, 신체, 재산의 이익을 위하여 명백히 필요하다고 인정되는 경우, 제1호 및 제2호에 준하여 주민등록번호 처리가 불가피한 경우로서 행정자치부령으로 정하는 경우를 제외하고는 주민등록번호를 처리할 수 없습니다. 따라서 정보주체가 인터넷 홈페이지를 통하여 회원가입하는 단계에서 대체수단을 제공해야 하며 대체수단의 이용을 권장합니다.

홈페이지에서 회원가입할 때 신청자가 본인이 맞는지 여부를 확인하기 위한 방법으로는 주민등록번호를 이용한 실명확인 이외에도 휴대전화번호, 공인인증서, 아이핀(I-PIN) 등 다양한 본인확인방법이 있으므로 주민등록번호를 반드시 수집할 필요는 없습니다.

Q 92 주민등록번호를 수집하지 않으면 어떻게 이용자를 식별할 수 있습니까?

A 기존의 주민등록번호를 대체하는 수단인 아이핀(I-PIN), 공인인증서, 휴대폰인증 등을 통해 이용자를 식별할 수 있습니다. 아울러 아이핀을 도입할 경우 사용자를 식별할 수 있는 DI(중복가입 확인정보), CI(연계정보) 등을 제공받을 수 있습니다.

독립적인 고객관리프로그램 등을 이용하는 경우에는 주민등록번호 대신 이름, 전화번호의 조합과 같이 기존에 수집된 다른 정보들을 활용하여도 이용자 식별이 가능할 것으로 보입니다.

출처: 안전행정부 개인정보보호과(2014), 주민등록번호 수집 금지 제도 가이드라인

Q 93 자신이 가입한 사이트를 확인할 수 있는 방법이 있습니까?

A KISA(한국인터넷진흥원)에서 운영하는 '주민등록번호 클린센터(clean.kisa.or.kr)'가 있습니다. 이 사이트에서 주민등록번호 이용내역을 확인하고 해당 홈페이지에서 탈퇴할 수 있습니다.

Q 94 공인인증서란 무엇이며 어떻게 발급받아야 합니까?

A 공인인증서는 온라인상 금융거래 시 신원확인, 문서의 위·변조, 거래사실의 부인 방지 등을 목적으로 「전자서명법」 제15조에 따라 공인인증기관이 발행하는 전자적 문서입니다.

따라서 사업자가 본인확인을 수행할 때 이용자는 공인인증서를 제시하고 비밀번호 및 개인정보를 함께 입력하여 본인임을 확인받을 수 있습니다.

일반적으로 은행(인터넷뱅킹)을 통해 공인인증서를 발급받을 수 있으며 공인인증기관 홈페이지에 접속하여 신청하거나 우편으로 접수할 수 있습니다. 또한 가까운 세무서를 직접 방문하여 '국세청 홈택스 이용신청서'를 작성하고 국세청 홈택스에 접속하여 국세청 홈택스 전용 인증서를 발급받을 수도 있습니다.

Q 95 아이핀에 대해 자세히 알고 싶습니다.

A 아이핀(I-PIN)은 주민등록번호를 사용하지 않고 본인확인을 할 수 있는 수단입니다. 이용자는 복잡한 인증 절차를 거치지 않고 아이디, 비밀번호를 통해 본인확인을 받을 수 있으며, 사업자가 이용자의 주민등록번호를 수집 및 저장하지 않으므로 주민등록번호의 유출을 근본적으로 예방할 수 있습니다.

출처: 안전행정부 개인정보보호과(2014), 주민등록번호 수집 금지 제도 가이드라인

Q 96 아이핀을 도입하고 싶은데, 어디에 문의해야 합니까?

A 아이핀(I-PIN)은 민간 본인확인기관에서 도입·발급·운영하는 민간아이핀과 행정자치부의 공공I-PIN센터에서 도입·발급·운영하는 공공아이핀으로 구분됩니다.

따라서 사업자는 업종 특성을 고려하여 선택하고 본인확인기관에 문의하여 아이핀 도입에 대한 도움을 받을 수 있습니다.

※ 민간아이핀: NICE I-PIN(1588-2486), SIREN24(1577-1006)

※ 공공아이핀: 공공 I-PIN센터(02-818-3050)

출처: 안전행정부 개인정보보호과(2014), 주민등록번호 수집 금지 제도 가이드라인

Q 97 마이핀(MY-PIN)이란 무엇입니까?

A 마이핀은 2014년 8월 7일에 개정된 「개인정보 보호법」 제24조에 따

라 근거 없는 주민등록번호 수집이 금지되면서 일상생활에서 본인확인의 불편을 최소화하기 위해 오프라인 본인확인수단으로 시행한 서비스입니다.

마이핀(MY-PIN)은 인터넷이 아닌 일상생활에서 사용할 수 있는 본인확인수단으로서 개인정보를 포함하고 있지 않은 13자리 무작위 번호로 구성되며 발급한 날로부터 3년 동안 사용이 가능합니다.

마이핀이 타인에게 유출될 경우 즉시 재발급을 받아 개인정보를 보호할 수 있습니다(연 5회 변경가능).

마이핀의 장점은 다음과 같습니다.

① 마이핀 자체에 나이, 성별 등 개인정보가 포함되지 않아 개인 프라이버시 보호가능

② 마이핀번호 재발급이 가능하여 마이핀 유·노출 또는 도용 시 피해 최소화

③ 마이핀 하나로 포인트 적립 등 각종 서비스 연계 등의 편리성 강화

④ 이메일 및 모바일 앱 알림서비스 제공으로 안전성 강화

출처: 공공I-PIN센터, 마이핀이란, http://www.g-pin.go.kr/center/pic/sub_01.gpin

Q 98 마이핀은 어떻게 발급받을 수 있으며, 어디에서 활용할 수 있습니까?

A 인터넷 홈페이지와 가까운 동주민센터 방문을 통해 발급이 가능합니다.

① 온라인 발급방법

- 공공I-PIN센터(www.g-pin.go.kr)
- 나이스평가정보(www.niceipin.co.kr)
- 서울신용평가정보(ipin.siren24.com)
- 코리아크레딧뷰로(www.ok-name.co.kr) 등과 같은 인터넷 홈페이지에 접속하여 발급받을 수 있습니다.

② 방문 발급방법

전국 읍·면사무소 및 동주민센터, 민간본인확인기관 본사 및 지사에 방문하여 발급받을 수 있습니다.

출처: 공공I-PIN센터, 마이핀이란, http://www.g-pin.go.kr/center/pic/sub_01.gpin

Q 99 휴대폰인증은 무엇이며, 어떻게 도입하나요?

A ▸ 휴대폰인증은 이용자가 휴대전화번호와 간단한 인적사항을 기입한 후, 휴대폰인증 서비스업체에서 발송하는 SMS 인증번호의 확인을 통해 인증을 수행하는 방식입니다.

휴대폰인증의 도입방법 및 절차는 사업자의 업종 및 규모에 따라 달라질 수 있으므로 휴대폰인증을 제공하는 본인확인기관에 연락하여 자세한 정보 및 해당 시스템 도입에 따른 사항을 상담받을 수 있습니다.

출처: 안전행정부 개인정보보호과(2014), 주민등록번호 수집 금지 제도 가이드라인

부록: 별지서식

Library Privacy

[별지 1] 심의안건 부의서

[별지 2] 인수증

[별지 3] 개인정보 유출신고서

[별지 4] 개인영상정보 관리대장

[별지 1]

심의안건 부의서

(제4조제1항 관련)

안건명	

소속부서	
제출일	
제출자	

(본문)

안건명	

1. 안건요지

2. 검토내역

3. 소관부서 의견

※ 소관부서는 상정안건에 대한 업무 관련부서를 말한다.

4. 기타 사항

[별지 2]

인 수 증

○ 소속기관:
○ 수령자 성명:
○ 자료명:

상기자료를 수령하였음을 확인하며, 제공 받은 자료는 요청목적으로만 사용할 것이며 타 기관에 재제공 금지 및 사용 후 즉시 폐기조치 등 개인정보 보호에 관한 법률 규정을 준수하여 제공받은 자료의 안전성 확보에 철저를 기할 것을 확약합니다.

2015. . .

수령인: (인)

○ ○ ○ 장 귀하

[별지 3]

개인정보 유출신고서

<table>
<tr><td>기관명</td><td colspan="5"></td></tr>
<tr><td>정보주체에의 통지 여부</td><td colspan="5"></td></tr>
<tr><td>침해된 개인정보의 항목 및 규모</td><td colspan="5"></td></tr>
<tr><td>침해된 시점과 그 경위</td><td colspan="5"></td></tr>
<tr><td>침해피해 최소화 대책·조치 및 결과</td><td colspan="5"></td></tr>
<tr><td>정보주체가 할 수 있는 피해 최소화 방법 및 구제절차</td><td colspan="5"></td></tr>
<tr><td rowspan="3">담당부서·담당자 및 연락처</td><td></td><td>성명</td><td>부서</td><td>직위</td><td>연락처</td></tr>
<tr><td>개인정보 보호책임자</td><td></td><td></td><td></td><td></td></tr>
<tr><td>개인정보 보호담당자</td><td></td><td></td><td></td><td></td></tr>
</table>

<table>
<tr><td rowspan="2">침해신고 접수기관</td><td>기관명</td><td>담당자명</td><td>연락처</td></tr>
<tr><td></td><td></td><td></td></tr>
</table>

[별지 4]

개인영상정보 관리대장

번호	구분	일시	파일명/형태	담당자	목적/사유	이용·제공받는 제3자/열람 등 요구자	이용·제공 근거	이용·제공 형태	기간
1	□ 이용 □ 제공 □ 열람 □ 파기								
2	□ 이용 □ 제공 □ 열람 □ 파기								
3	□ 이용 □ 제공 □ 열람 □ 파기								
4	□ 이용 □ 제공 □ 열람 □ 파기								
5	□ 이용 □ 제공 □ 열람 □ 파기								
6	□ 이용 □ 제공 □ 열람 □ 파기								
7	□ 이용 □ 제공 □ 열람 □ 파기								

| 저자약력 |

노영희

[약력]

연세대학교 문헌정보학과 정보학 박사
한국과학기술연구원(KIST) 자료실 연구원
한국정보공학(KIES) 정보검색엔진개발팀 팀장
이화여대 국제정보센터 자료실장
학술상(2009) 및 건국학술대상(2013) 수상
2013 Marquis Who's Who in the World에 등재
현) 건국대학교 문헌정보학과 교수
지식콘텐츠연구소 소장

[주요 저서 및 논문]

인문과학과 예술의 핵심 지식정보원
한국문헌정보학 교과과정
개념기반 정보검색 기법
메타데이터의 이해
건강정보 지식정보원 시리즈
국제기구 지식정보원 시리즈
A Study on Automatic Text Categorization of Internet Documents
A Study on the Estimation of Performance of Concept-Based Information Retrieval Model Using the Web
기계학습기반 피드백 과정을 통한 SDI 시스템의 성능향상에 관한 연구
The Impact of University Library Resources on University Research Achievement Outputs
A Study on the Next-Generation Digital Library Using Context-Awareness Technology
The Development and Performance Measurements of Educational Programs to Improve Consumer Health Information(CHI) Literacy 외 150여 편 저술

도서관 프라이버시 FAQ

2015년 6월 20일 1판 1쇄 인쇄
2015년 6월 25일 1판 1쇄 발행

저　　자 | 노영희
발 행 인 | 이수영
발 행 처 | 도서출판 청람
서울시 마포구 독막로 288(대흥동, 세양상가 109호)
전　　화 | 02) 3272-2601~2
팩　　스 | 02) 3272-2603
홈페이지 | www.crbooks.co.kr
이 메 일 | crbooks@hanmail.net
등　　록 | 2000년 8월 26일 제6-0509호

ISBN 978-89-5972-461-1 93020 [정가 12,000원]